MÉLODY SZYMCZAK * NATHALIE OUEDERNI

GOOD vibes

MON CARNET DE BONNE HUMEUR

SOLAR EDITIONS

Ça va vous ?

Je peux vous poser une question ? Puisque vous êtes là, j'en profite : si vous deviez noter votre dose de good vibes de 1 à 10 aujourd'hui, quelle serait votre réponse ? Si elle n'atteint pas la note maximale, glissez ce petit carnet dans votre sac, je vous embarque pour un voyage au cœur des plus chouettes secrets de la planète pour reprogrammer votre humeur, secouer vos habitudes, repenser vos rituels, ramener de la joie dans votre cocon et booster vos bonnes vibrations ! Prêtes ?

Manifeste

Il y a quelques semaines, moi aussi j'en ai eu ras la mèche de la morosité ambiante. J'ai fermé mon ordinateur, pris mon après-midi et embarqué ma fille de 10 mois pour une balade en forêt qui restera légendaire pour moi. Nous nous sommes

« La vie est une combinaison de magie et de pâtes. »
Federico Fellini

littéralement perdues. Alors d'abord, c'est vrai, j'ai eu un peu peur. Mais très vite j'ai senti la forêt nous envelopper, nous entourer… Les jours qui ont suivi, j'ai ressenti un besoin viscéral de repenser mon rythme, ma vie et ma connexion à ce qui m'entoure, y compris à mes inoffensives connexions digitales ! Je ne suis ni danoise ni hollandaise - pays où le nombre de gens heureux au mètre carré semble exploser les compteurs… - mais j'ai quand même été formée à bien des méthodes pour déployer mon aura et ma bonne humeur. Et pourtant, malgré ce bagage, j'ai flanché.

Alors j'ai imaginé ce livre comme un carnet de voyage et d'expériences à ouvrir au coin du feu comme dans le bus, au fond des bois ou sous votre lit, pour vous aider à réveiller ces petits bouts de joie qui font le sel de la vie.

L'école des petits bonheurs

Chaque fois que vous ouvrez ce carnet, imaginez que vous entrez par un petit passage, au fond d'un jardin un peu fouillis, dans une école très spéciale… avec des fleurs aux fenêtres, des jardins sauvages, un potager au fond à droite, encastré entre deux serres de rosiers et d'herbes sauvages cultivées pour la confection de potions de l'âme. Cette école est dédiée à l'apprentissage de notre bonne humeur et de nos douces vibrations.

Chaque professeur est un véritable sorcier du quotidien, aventurier, ensorceleur en cuisine ou en salle de bains, épicurien ou raconteur d'histoires… Un maître botaniste y enseigne l'art de se connecter aux plantes, un poète nous initie à la magie des mots doux pour apaiser notre âme. Et puis en coachs stars, on y croise les héros de nos films et séries feel good préférés. Je peux vous promettre une chose… sur les bancs de cette école de la bonne humeur, vous aurez envie de vous asseoir au premier rang.

Embarquez votre carnet avec vous partout, cachez-le dans votre sac comme un trésor et surtout, surtout, laissez-vous porter par nos exercices pratiques, nos cours de poésie, nos séances d'arts plastiques, nos bols d'air farfelus ou fabuleux.

Quelques secrets magiques…

Dans ce carnet de confidences sur la bonne humeur, je vous invite à partir à la redécouverte de ce pouvoir incroyable que chacun de nous possède pour apprivoiser

EN VRAI, C'EST QUOI LES GOOD VIBES ?

Des ondes positives qui nous entourent sans qu'on y pense ? Est-ce qu'on peut les cultiver comme des fleurs, avec un peu d'eau et du soleil ? Sont-elles reliées aux gens qui nous entourent ? À une forme de magie que l'on déploie et cultive comme une sorcière ? Quant à nos routines et rituels, peuvent-ils tout changer en quelques semaines ? Ça en fait des questions, pas vrai ? On tentera de répondre à toutes, c'est promis.

les bonnes ondes, redessiner sa vie selon ses rêves et attirer le bonheur vers soi comme un aimant. Vous connaissez certaines de ces leçons par cœur, vous avez maintes fois tenté de jouer avec la pensée positive ou l'art de vous émerveiller. Vous avez peut-être déjà un carnet de gratitude à côté de votre lit que vous peinez à remplir… Parce que, sans pratique, la magie n'opère pas.

Inspirez, fermez les yeux
et prenez-vous au jeu avec la curiosité d'un enfant,
la naïveté d'un panda, le lâcher-prise qu'on ne s'autorise
qu'entre le 4e et le 15e jour de vacances. Vous savez quand
on s'imagine tout plaquer pour aller vivre à Bali ?

JE PRÉPARE MON CARTABLE

- un rouleau de Scotch
- des crayons de couleur
- Pinterest
- une imprimante
- un joli carnet
- ma plus jolie tasse
- un Polaroid
- mon plus chouette sourire
- des cartes de tarot…

« Un sourire
coûte moins cher
que l'électricité, mais donne
autant de lumière. »

ABBÉ PIERRE

LE POUVOIR ÉLECTRIQUE DU SOURIRE

Fritz Strack, c'est l'un des premiers à avoir réalisé une étude sur le pouvoir du sourire. Ses conclusions sont claires : si une personne est triste ou de mauvaise humeur et qu'elle sourit, son humeur s'améliore. L'université d'Uppsala en Suède a réalisé une étude complémentaire sur les réactions générées par les différentes expressions faciales.

LA CONCLUSION DES CHERCHEURS ?

Pour renforcer le pouvoir du sourire, il faut remplir son cœur de bonté en même temps.

LISEZ CES MANTRAS À HAUTE VOIX

J'entoure mon favori et je le note comme un mot d'amour partout dans mon intérieur. Il agira comme un ancrage feel good, chaque fois que mes yeux tomberont dessus.

* Je parle avec confiance et sérénité.

* Je suis unique et cultive mes différences.

* Mon opinion compte !

* J'ai du succès quand je suis mon cœur.

* Ma bonne humeur dessine mes vibrations. Mes vibrations engendrent ma réalité.

* Je suis aimée et je m'envoie du love à chaque instant.

Je réveille mon glow

Grâce au yoga du visage, technique holistique pour sculpter ses traits, je prends soin de mon glow et réveille ma bonne humeur ! Au quotidien, nous n'utilisons que 20 % des muscles de notre minois quand le yoga du visage promet d'en réveiller plus de 50. Voici 5 exercices pour le tonifier, réveiller votre mine et stimuler les points énergétiques reliés au corps pour une détente globale.

Mon yoga du visage

Durant cette session, je veille simplement à être bien installée, assise confortablement, le dos bien droit. J'inspire et j'expire profondément trois fois pour commencer :

✦ J'attrape mon front avec mes deux mains et j'étire la peau vers l'arrière en inspirant.

✦ Je ferme les yeux et pose la pulpe de mes index sur mes paupières supérieures. Je maintiens cette posture et j'expire en tentant d'ouvrir les yeux.

✦ Bouche fermée, je place mon poing sous mon menton. En expirant, le poing en résistance, je tente d'ouvrir la bouche.

✦ Je fixe un point devant moi, sans bouger le visage. Je tourne le regard à gauche, au centre puis à droite doucement. Je fais une pause puis je regarde vers le haut, reviens au centre, regarde vers le bas. Je ferme les yeux.

✦ Je réveille mon énergie vitale en frottant avec mes doigts l'avant puis l'arrière de mes oreilles.

EN TÊTE À TÊTE AVEC...

Holly Golightly

Holly, l'héroïne de la comédie romantique *Diamants sur canapé* (*Breakfast at Tiffany's* en VO), vit dans un petit appartement au cœur de Manhattan avec son chat. Jeune célibataire, elle se nourrit de croissants, de fêtes et des attentions luxueuses de ses amis millionnaires favoris.

Son mot d'ordre : rester libre !

Quelle est votre devise Holly ?

M’entourer de petits luxes, comme une pâtisserie délicieuse, le plus souvent possible.

Quelles sont les habitudes qui vous font garder le sourire ?

Je déteste les habitudes, elles nous endorment ! Mais j’aime m’entourer de beau le plus souvent possible et je m’émerveille de tout, tout le temps.

Qu’est-ce qui vous fait vous lever le matin ?

Mon chat qui a faim. Et puis savourer un croissant bien frais devant une vitrine de bijoux !

Quelle est votre rituel beauté feel good ?

Les lunettes de soleil, même en hiver.

Et le sport qui réveille votre énergie ?

Danser jusqu’au petit matin lors d’une soirée improvisée…

Une astuce pour vous sentir vibrante et libre ?

Je m’habille pour moi. Et puis, je possède peu : mes affaires tiennent dans une valise.

La smile méditation

Je m'assois confortablement. Le dos bien droit mais la nuque relâchée.
Je ferme les yeux et positionne le menton légèrement vers l'intérieur.
J'inspire et j'expire profondément trois fois.
Je commence par relâcher doucement chaque partie de mon visage. Je peux contracter mes muscles pour mieux les sentir se relâcher.

Une fois les muscles du visage relâchés, je fais de même avec les principaux muscles de mon corps en allant du haut vers le bas.

À présent, en douceur, j'inspire et je souris. Je conserve ce sourire jusqu'à la fin de ma séance.

Alors que j'inspire sereinement, je visualise un environnement rassurant, un cocon doux et serein que je connais et que j'aurai imaginé pour me sentir sereine et apaisée. À présent, je prononce intérieurement le mantra :

Je délivre mon arc-en-ciel intérieur.

À chaque inspiration, cet arc-en-ciel émerge et se déploie peu à peu comme une vague dans mon corps. À chaque expiration, il diffuse ses bonnes vibrations en douceur.
J'inspire et j'expire doucement. Je répète ce mantra 4 ou 5 fois alors que je visualise cet arc-en-ciel grandir et remplir de ses couleurs et de ses ondes l'ensemble de mon corps.

DESSINE-MOI *ton autoportrait*

Que racontez-vous de vous au reste du monde ? Le pouvoir de votre regard et de vos pensées sur votre aura influe sur ce que les autres pensent de vous. Ainsi, plus vous vous « jugez » avec bienveillance, plus votre énergie se déploiera pour influer sur votre glow, votre vie et le regard des autres sur vous.

ICI, JE DESSINE MON VISAGE

Puis je note les petits détails qui me rendent unique et solaire en répondant à ces quelques questions avec la plus grande bienveillance.

* *Quels sont les plus doux compliments que j'ai reçus ?*

....

....

* *Si mon futur moi pouvait me complimenter, que dirait-il ?*

....

....

* *Je détaille ce qui est beau et vibrant en moi :*

....

....

INSTA' HEUREUX

L'effet de la déconnexion digitale sur notre smile est évident. Fin 2020, une étude de l'université de l'Arkansas est venue confirmer que l'utilisation des réseaux sociaux augmente les risques de développer une dépression. Mais ralentir notre connexion aux réseaux sociaux ne suffit pas. Il y a des comptes et des gens qui, sans le vouloir, nous font douter et augmentent notre tendance à nous comparer. Il est temps de faire le ménage dans vos sources d'influence pour ne conserver que les plus douces et inspirantes.

QUELQUES COMPTES INSTAGRAM BONS POUR LE MORAL :

Deux sœurs et autrices feel good:
@HOLIME_OFFICIEL

Une poétesse du cosmos :
@NIKITA_GILL

Une chorégraphe à roller :
@NEONKEON

Une prof de philo sympa :
@PHILOSOPHYISSEXY

Une illustratrice de la douceur :
@LENAPIROUX

Une prof de yoga du visage :
@HERECOMESDELSOL

CALIFORNIA Love

Les Californiens semblent avoir un secret pour garder leur bonne humeur ! Dans *Good Vibrations*, Laure Gontier, qui a vécu trois ans à Los Angeles, nous livre ses découvertes.

5 ESSENTIELS EN IMAGES :

Je bouge en m'amusant : roller, skate, surf, vélo ?

Je bois des jus : de saison, locaux et bio, les Californiens consomment fruits et légumes en quantité et sous toutes les formes.

Je pense en mode positif : on évite le cynisme et on cherche l'élément positif en toute situation.

Je libère mon corps : avec des vêtements doux et confortables plutôt qu'élégants.

Je me reconnecte à moi : région de la thérapie par les cristaux, tarots et retraites spirituelles... Tout est bon pour déployer ses bonnes ondes et créer sa propre spiritualité.

*« Neuf personnes
sur dix aiment le chocolat,
la dixième ment. »*

JOHN G. TULLIUS

HEUREUSE COMME UNE BANANE !

Aujourd'hui on a cours avec
Claire Andreewitch, naturopathe.
Son truc à elle ? L'activation de notre hormone
du feel good grâce à une sélection d'aliments clés.
Si aucun aliment ne peut « booster notre humeur » à
proprement parler, certaines carences alimentaires
peuvent provoquer des troubles de l'humeur. Une carence
en vitamine B peut être à l'origine de nos sautes
d'humeur, alors qu'un manque de fer peut créer une
sensation de fatigue, de l'anxiété et des palpitations.
Il existe aussi quelques aliments qui jouent
un rôle essentiel dans la synthèse de sérotonine,
l'hormone feel good par excellence
puisqu'elle améliore notre état
émotionnel et notre sommeil…

JE FAIS LE PLEIN DE GOOD FOOD (POUR DOPER MA SÉROTONINE !)

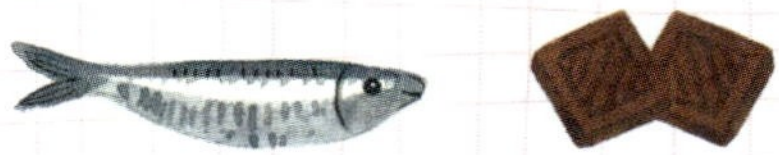

Le top des aliments riches en fer :

Les poissons comme la sardine, le hareng, le maquereau, les algues comme la spiruline, les légumes secs, le chocolat noir (2 carrés à l'heure du café) et aussi le cumin, le curry le gingembre.

Le top des aliments riches en magnésium :

Les sardines à l'huile, la fleur de sel, les graines de cumin, de coriandre et de tournesol, le chocolat noir, les noix de cajou, amandes et pignons de pin.

Le top des aliments riches en vitamine B6 :

En dehors des abats (foie, rognons), la vitamine B6 se cache dans les céréales complètes, les légumes secs, les légumes verts frais, ainsi que dans la banane ou encore dans les œufs.

MA TABLÉE *du bonheur*

Manger n'aurait pas seulement
le pouvoir de nous détendre, mais aussi
celui d'hypnotiser, d'amadouer, de rendre heureux,
de changer une vie et même le cours de l'histoire…
C'est d'ailleurs peut-être grâce à ces inspirations
gourmandes qu'Estée Lauder recevait ses plus grands
investisseurs chez elle pour des repas en toute
intimité ou que Fanny Péchiodat, co-fondatrice
de My Little Paris, cuisinait dans les locaux
de sa start-up un poulet pour Tim Cook
(le PDG d'Apple) il y a quelques années.
Il est temps de revoir l'ordre
de nos priorités.

LES INGRÉDIENTS POUR UN REPAS FEEL GOOD

Pour la bonne vibe :
des invités qui vous kiffent

Pour la déco :
des fleurs pour faire grimper les vibrations de la pièce

Pour la touche finale :
un dessert à faire pleurer (de joie) vos convives

Pour les confidences :
un éclairage doux pour faire naître les discussions

3 SUJETS DE CONVERSATION MAGIQUES

Une idée du futur :
« Et dans le paysage de tes rêves, tu te vois où dans 5 ans ? »

Une découverte culinaire :
« Ça a été quoi ton plus bel orgasme culinaire… ? »

Une évasion littéraire :
« Quelqu'un aurait un roman feel good pour me remonter le moral ? »
(Ça marche aussi pour les séries.)

EN TÊTE À TÊTE AVEC...

Rémy et Alfredo Linguini

Rémy, alias Ratatouille dans le dessin animé de Pixar, est un jeune rat qui rêve de devenir chef cuisinier. Caché sous la toque du commis Alfredo Linguini, il va donner vie à ses plus belles inspirations culinaires dans la cuisine d'un restaurant parisien.

Quelle est votre devise dans la vie, Rémy ?

Vivre pour manger, mais pas n'importe quoi, ni n'importe comment !

Des habitudes culinaires pour réveiller votre bonne humeur ?

Réapprendre à utiliser son odorat et tous ses sens pour sélectionner ses ingrédients, réveiller son instinct pour retrouver le plaisir de cuisiner en conscience.

Et que faut-il pour (re)prendre plaisir à cuisiner à votre avis ?

Aborder la cuisine comme une séance de relaxation, choisir et sentir ses ingrédients, en prendre soin, les couper comme on manipulerait des trésors… Savoir d'où ils viennent, comment ils ont été cultivés.

Qu'aimez-vous le plus cuisiner…

Les petits plats mijotés. Parce qu'ils nécessitent une attention particulière et une certaine patience… En bouche, un plat mijoté c'est en une fraction de seconde les bénéfices de 2 heures de massage de tout mon corps !

Mais cuisiner prend du temps, un conseil pour nos amateurs fatigués ?

Plutôt que de passer 2 heures à surfer sur son téléphone portable, on troque 1 heure pour cuisiner ; c'est un moyen de relâcher la pression en rentrant chez soi, avec de bons ingrédients et une bonne musique en toile de fond.

LA THÉRAPIE *par le sucre*

On n'a rien inventé, c'est Hildegarde de Bingen qui l'a dit. Née au XIe siècle, cette femme médecin était reconnue pour sa vision holistique de la santé. Elle estimait notamment que les gâteaux « dispersent l'amertume qui est dans ton cœur, ils l'apaisent et l'ouvrent. Mais ils ouvrent aussi tes cinq sens, te rendent gai, purifient tes organes sensoriels, réduisent les humeurs nocives et donnent à ton sang une bonne composition.»

Votre challenge : imaginer et déguster votre pâtisserie idéale pour réveiller vos sens et votre bonne humeur ! Alors… Plutôt forêt noire, macarons, tarte aux pétales de fleurs ou saint-honoré ?

Cry me a pastry

Je dessine ma pâtisserie idéale en m'inspirant par exemple de l'*Ickabog* de JK Rowling, « Nul ne pouvait manger ces gâteaux divins [Songes-de-Donzelles ou Nacelles-de-Fées] sans se mettre à pleurer de joie ! » Je peux mélanger les ingrédients de plusieurs de mes gâteaux favoris.

Je note mes sensations, ce qu'elles me procurent...

....

....

....

....

JE M'OFFRE LA PÂTISSERIE D'UN GRAND CHEF ET LA DÉGUSTE AVEC AMOUR !

La good food méditation

Cette méditation vous invite à honorer les énergies qui entourent vos aliments et booster le pouvoir de votre repas sur votre humeur.

Je m'installe confortablement en face de mon plat favori.
J'inspire trois fois profondément et je relâche lentement chacun des muscles de mon visage en portant une attention particulière à mes mâchoires et à ma langue.

J’inspire profondément et pose mon regard sur le mets choisi.
Je prends le temps d’en observer les contours, les nuances de couleurs.

J’inspire et, tout en expirant, je remercie chaque personne qui aura contribué à obtenir ce mets délicieux.

J’inspire et je porte mon plat près de mon nez. Je sens les plus douces subtilités des ingrédients qui le composent. J’accueille mes sensations.

À présent, je prends ma cuillère et porte un morceau à la bouche. Je ne mâche pas immédiatement. J’accueille mes sensations.

Est-ce plutôt chaud ou froid, plutôt doux ou croustillant ?
Je croque, mâche à présent et laisse toutes les saveurs m’envahir.
Je mâche lentement et laisse la bouchée glisser doucement dans ma gorge.
Je fais le point sur mon ressenti.

Je continue à déguster mon plat en conscience et profite du moment !

JOYEUSES COURSES !

Élevé en Inde, moine jaïn à l'adolescence, Satish Kumar milite pour une écologie spirituelle. Au sujet de notre façon de nous alimenter il explique : « Notre nourriture doit être aussi pure que possible. Si nous ne mangeons pas de la bonne nourriture, nous n'aurons pas un corps sain, ni un cerveau sain… Vous ne pouvez pas être heureux si vous mangez une mauvaise nourriture industrielle. »

Mon défi 100 % frais !

Je fais le marché le plus souvent possible,
je prends mon joli panier ou mon sac en tissu
favori et je pars à la découverte
des producteurs et fournisseurs locaux.
Je retrouve le plaisir de réveiller mes sens
pour sélectionner les ingrédients qui viendront
booster ma cuisine et mon humeur.
Je préfère le plus souvent possible :

- Les circuits courts et locaux
- Les fruits et légumes de saison
- La simplicité des plats maison
- Les ingrédients frais et bio

LA PAUSE DÉJ des frenchies

C'est bien connu, en France,
sacrifier la pause déjeuner pour être
plus efficace est une folie, presque un crime.
Voici quelques faux-pas à éviter pour
cultiver l'art de vivre
heureux (à table)…

Je ne mange jamais face à mon ordinateur !

Je mange assis

Je mise sur un plat léger pour y associer une entrée ou un dessert

Je m'installe en terrasse quand c'est possible

Je mets les petits plats dans les grands

Je termine toujours par un café

« Le samedi est un jour pour dormir, et croyez-moi je ne vous laisserai pas m'enlever ce plaisir. »

WINSTON,
DANS *NEW GIRL*

LES SUPERPOUVOIRS DU SOMMEIL

C'est simple, bien dormir est l'une des clés pour rester en bonne santé. Mais depuis peu, les études montrent que le sommeil a aussi un impact sur notre humeur. Un sommeil qui ne doit être ni trop court, ni trop morcelé pour préserver toutes ses qualités de reconstruction sur nos cellules, notre cerveau et nos émotions.

6 RITUELS POUR ACTIVER LES SUPERPOUVOIRS DU SOMMEIL PROFOND

Je reste à l'écoute de mon corps et me fixe une heure de coucher régulière adaptée à mon propre rythme

Je dîne léger, j'évite les repas trop gras, la viande, les boissons caféinées ou sucrées le soir

Je lis quelques pages d'un livre inspirant sans être trop addictif

Je remplis mon carnet de gratitude et note les choses positives arrivées dans la journée

J'aère ma chambre un peu avant de dormir pour éviter l'air trop sec et me rapprocher de la température idéale de 18°

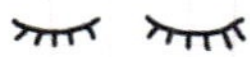

Je fais une courte séance de méditation – je peux feuilleter ce carnet pour découvrir, par exemple, la méditation jusqu'aux étoiles !

L'ATTRAPE-RÊVES

Le beau possèderait aussi une vibration selon certains préceptes du feng shui. Dans la chambre, emprunter quelques astuces à cet art millénaire chinois peut améliorer la qualité de votre sommeil. Et quand on sait qu'on passe plus d'un tiers de notre vie au lit, ça n'est pas négligeable. Vos petits désordres sont les pires ennemis du « chi », le flux énergétique qui anime tout l'univers. Dans sa chambre, on ne conserve que l'essentiel, on évite de laisser ses affaires traîner et on soigne la déco !

J'arrondis les angles avec un fauteuil,
une plante, un paravent ou un coussin.

Je privilégie de jolies lampes qui
amènent une ambiance tamisée.

Je préfère les matières douces et naturelles,
comme la soie, le lin, le coton.

Je fais circuler l'air et la lumière en simplifiant
ma décoration : 2 ou 3 jolis tableaux suffisent,
j'évite d'entasser des livres sur ma table de chevet...

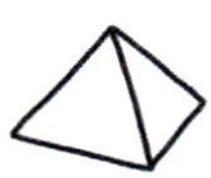

Je dispose de la shungite pour maîtriser
les ondes électromagnétiques, et bannis ordinateur,
tablette, Smarphone de la chambre.

EN TÊTE À TÊTE AVEC…

Stéphane Miroux

Stéphane, dans le film de Michel Gondry *La Science des rêves*, travaille dans une petite entreprise qui fabrique des calendriers. Le jour, sa vie est grise, alors il se réfugie dans le monde des rêves et s'invente une émission de télévision devant des caméras en carton.

Que disent les gens de vous ?

Que je suis timide et lunaire.

Et c'est vrai ?

Je ne sais pas trop, je suis surtout plus inspiré par le monde des rêves que par le quotidien des gens qui disent ça de moi. Dans le monde des rêves on peut tout faire et tout inventer.

Pourquoi le rêve est-il important selon vous ?

Parce que c'est lui qui nourrit mes idées et fait parler mon inconscient.

Et quel est le secret pour faire de doux rêves et cultiver son imagination ?

Je bricole tout ce que je trouve comme le ferait un enfant. C'est ce que j'appelle la poésie des petits détails. Et pour observer cette poésie, il faut savoir ralentir. Et puis les idées peuvent surgir de partout. Alors je dirai qu'il faut cultiver son innocence et son attention.

Méditer jusqu'aux étoiles

Ce soir je m'installe confortablement dans mon lit. Ma tête est légèrement surélevée mais je suis allongée.

J'inspire profondément une fois en gonflant le ventre, le thorax, les épaules.
J'expire et je baisse mes épaules, je vide mon thorax, je creuse mon ventre.
Je prends le temps, comme lors de toute méditation, de relâcher par étape chacun des muscles de mon visage, puis de mon corps.

Lorsque je suis prête, j'imagine que je suis sur un toboggan géant, transparent, ultra confortable dans lequel je glisse parmi les étoiles. Destination ? Le monde des rêves…

Au milieu des étoiles je visualise mon corps s'infuser des bonnes énergies de l'univers. À chaque inspir, l'univers m'envoie des centaines de milliers d'étoiles filantes qui, en passant à travers mon corps, m'infusent de leurs bonnes ondes.

J'atterris sur une petite planète. Elle est belle, rassurante. Je regarde avec attention les éléments qui la composent, je dessine ses contours.
Ici, je récolte des fleurs qui représentent ce dont j'ai besoin à chaque instant : bienveillance, sérénité, inspiration, créativité, joie de vivre, bonne humeur. Cette planète est mon cocon.
J'inspire, et à l'expir je ramène ces bonnes énergies avec moi. Je garde les yeux fermés et conserve les bénéfices de ce spa pour mon âme…

DESSINE-MOI *tes rêves...*

Sigmund Freud pense que le rêve est « la voie royale vers l'inconscient », le « gardien du sommeil ». Comme l'enseigne encore la Kabbale, « un rêve non interprété est comparable à une lettre non déchiffrée ». Laura Disegna, illustratrice et instagrameuse s'est mise à dessiner les rêves d'inconnus par hasard ou grâce au destin… Voici quelques conseils pour vous y mettre sans à priori et mieux visualiser ce que le monde des rêves a peut-être à vous chuchoter pour vous guider vers une vie plus inspirante !

LES 5 ÉTAPES À SUIVRE !

Je place « à portée d'oreiller »
un carnet et un crayon.

Avant de dormir, je pense « Mon rêve est un message dont je me souviens pour m'inspirer. »

À mon réveil, je m'agrippe à mes sensations quelques instants. Qu'est-ce que je ressens ?

Je dessine à présent mon souvenir
sous forme de sensation ou de scène.

*Je regarde mon dessin le soir venu et je note ce qu'il m'inspire sans réfléchir.
Quel est le message derrière ce dessin ?*

....

....

....

LUMIÈRE BLEUE, JE TE QUITTE !

Ne vous y trompez pas. La lumière bleue émise par le soleil est bonne pour notre humeur. Mais celle que l’on traque ici, c’est la lumière bleue artificielle émise par les écrans – tablettes, télé et autres Smartphones. Une surexposition chronique à la lumière bleue nuit à la production de mélatonine, l’hormone qui régule le sommeil, et entraîne des perturbations des cycles de sommeil.

Cachée sous la couette...

Ce soir, je range mes écrans loin de ma chambre et m'adonne à la lecture d'un roman feel good sous la couette pour favoriser la détente et des rêves tout doux.

La Petite Boulangerie du bout du monde
JENNY COLGAN

L'Alchimiste
PAULO COELHO

La Bibliothèque des cœurs cabossés
KATARINA BIVALD

Mange, prie, aime
ELIZABETH GILBERT

L'immeuble des femmes qui ont renoncé aux hommes
KARINE LAMBERT

Tu me trouveras au bout du monde
NICOLAS BARREAU

« HOO-GAH »

la recette danoise du bonheur

« Éloge du bien vivre et cocooner chez soi, le hygge ne se définit pas, il se ressent ! » Ainsi vibrent les mots de monsieur Hygge alias Meik Wiking : le type qui a le boulot le plus cool de la terre… Meik est président de l'Institut de recherche sur le bonheur à Copenhague.

Le hygge, difficile à définir et tout autant à prononcer – on dit « hoo-gah » –, c'est créer une atmosphère chaleureuse et profiter des petites douceurs de la vie avec les gens que l'on aime. La lecture d'un bon livre à la lueur des bougies, c'est hygge. Boire un thé chaud devant un film sous la couette, c'est ultra hygge aussi.

JE SUIS HYGGE QUAND...

J'allume des bougies

Je me prépare un chocolat
chaud aux marshmallows

Je discute avec mes amis
devant un feu de cheminée...

J'assume les
grosses chaussettes

J'adopte le plaid
en toute circonstance

Je sors mon plus joli carnet,
je me note des mots d'amour

« On voyage autour
du monde à la recherche
de quelque chose et on rentre
chez soi pour le trouver. »

GEORGE MOORE

L'INCROYABLE POUVOIR DU BEAU

Saviez-vous qu'au Canada certains médecins prescrivent des visites au musée ? Pendant ce temps, en Floride, la loi « Beethoven's Babies Bill » demande aux crèches et garderies de diffuser de la musique classique aux enfants entre 0 et 5 ans. Le neurologue Pierre Lemarquis explique dans ses recherches qu'une œuvre qui nous plaît active le circuit du plaisir dans notre cerveau et stimule notre production de dopamine, de sérotonine et d'endorphines qui régulent notre humeur et notre bien-être…

JOLI POP-UP

Je colle une reproduction d'œuvre d'art, un dessin, poème, ou paysage qui me plaisent et je prends le temps de les observer.

J'OBSERVE ET JE NOTE MES SENSATIONS

....

....

....

JE RÉVEILLE MON « SENS » CRÉATIF

- *Je me promène sans but*
- *Je change de playlist musicale*
- *Je* ....

MA JARRE de sorcière

Avec ou sans votre accord, votre maison absorbe TOUTES VOS ÉNERGIES et vos petites et grandes disputes s'accrochent aux murs comme des aimants. Pour protéger les bonnes ondes de votre intérieur, il est temps d'installer chez vous une jarre de protection…

DEHORS LES BAD VIBES !

Au fond d'une jarre ou d'un joli bocal en verre, je dispose :

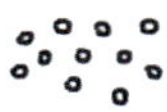

- le sel de mer, connu depuis l'Antiquité pour lutter contre les énergies négatives.

- un bâton de cannelle au fort pouvoir purificateur.

- une pierre de protection pour réveiller les énergies positives et favoriser l'apaisement : la sélénite ou l'améthyste.

- des herbes fraîches de mon choix pour protéger et purifier l'espace : basilic, millepertuis, verveine…

Tout en réalisant ma jarre je prononce ce mantra :

« Sel de la mer, pierres et herbes de la terre, protégez ma maison ! »

Je place ma jarre de protection près de l'entrée.

EN TÊTE À TÊTE AVEC...

Mary Poppins

Souvenez-vous, dans la famille Banks, le père travaille jour et nuit, la mère, suffragette active, s'occupe rarement de ses enfants et la nounou donne sa démission. En cachette, les enfants écrivent une annonce pour trouver la nounou idéale. Le lendemain, Mary Poppins frappe à la porte. Elle va entraîner les enfants dans un univers plein de magie et de discipline joyeuse.

Quel est votre mantra, Mary Poppins ?

Supercalifragilisticexpialidicious, ce mot a le pouvoir de changer une vie. On le prononce quand on ne sait pas quoi dire.

Vous savez manier l'art de ranger à la perfection...

Le secret, c'est de prendre cela comme un jeu. Les enfants sont sensibles à leur environnement, un espace organisé et bien rangé apporte tellement de joie !

Quel est votre secret pour y parvenir ?

Chaque chose a sa place et chaque place a sa chose. Mais encore faut-il ne pas être trop gourmand. Si vos placards ne peuvent plus accueillir vos affaires et que tout explose, ça n'ira pas !

Quels sont les ingrédients d'un intérieur qui respire la bonne humeur selon vous ?

Il doit être pensé pour que tout le monde ait son espace de liberté créative. Il ne doit pas être trop chargé, car cette « surcharge » est un poids pour l'âme. Et il faut prendre soin de son chez-soi, comme on prend soin de son corps chaque jour.

Je fais vibrer l'âme de ma maison !

Au centre de mon cocon, les fenêtres sont légèrement ouvertes. Je positionne une pierre de mon choix devant moi.

Assise confortablement, les yeux fermés, j'inspire trois fois profondément.
Je m'imagine debout à une extrémité de mon intérieur. Les bras ouverts, mes mains deviennent de grandes feuilles de palmiers. Elles balaient chaque pièce de la maison pour attraper toutes les énergies bloquées, les tracas, les petits et les grands soucis.

Je visualise chaque étape de ce grand nettoyage, pièce après pièce. Mes bras sont grands et les feuilles s'adaptent à chaque recoin, à mesure que j'avance jusqu'au bout de mon appartement ou de ma maison.

Je prends soin de passer dans chaque pièce en prononçant ce mantra :

« Je nettoie les énergies de la pièce pour ne laisser que les bonnes ondes. »

Une fois cette poussière de mauvaises ondes regroupée, je l'attrape dans un pochon et la laisse glisser au cœur de ma pierre qui va l'absorber pour la nettoyer grâce aux énergies de la terre.

Une fois ce nettoyage terminé. J'inspire profondément en remerciant ma pierre.
Les yeux ouverts, je la pose sur le rebord d'une fenêtre et la laisse une nuit entière se purifier grâce au pouvoir purificateur de la Lune.

LE GRAND MÉNAGE

Le tas de linge qui traîne, les papiers éparpillés et oubliés, les placards qui débordent, les objets inutiles qui s'accumulent… Autant de contrariétés pour l'âme à évacuer d'urgence pour que votre intérieur redevienne le cocon ressourçant dont vous avez besoin !

Je désencombre 10 minutes par jour

SEMAINE 1 : SALON & ENTRÉE

Lundi : Je me débarrasse de ce qui est inutile et visible

Mercredi : Je range et vide mon bureau

Vendredi : J'allège mon meuble TV

Dimanche : J'améliore mes rangements

SEMAINE 2 : CHAMBRE

Lundi : Je trie les vêtements de la commode

Mercredi : Je vide les tables de chevet

Vendredi : Je trie les livres de la bibliothèque

Dimanche : Je fais le grand ménage dans mes vêtements

SEMAINE 3 : CUISINE & SALLE DE BAINS

Lundi : Je fais le tri dans ma vaisselle

Mercredi : Je réorganise mes placards

Vendredi : Je ne garde que mes produits de beauté favoris

Dimanche : J'organise l'armoire à pharmacie

Mon cocon est-il feng shui ?

La puissance du feng shui ? Un art millénaire venu de Chine qui nous enseigne comment aménager notre intérieur, positionner nos meubles et choisir les couleurs dominantes et secondaires pour faire circuler le chi, l'énergie vitale, et atteindre l'harmonie. Une énergie qui ne circule pas simplement dans l'espace mais influe aussi sur notre humeur, notre vie. Faites le test et découvrez ce que votre intérieur dit de votre énergie…

CHEZ MOI, LES MEUBLES SONT MAJORITAIREMENT :

- a. en bois, je vis dans une cabane !
- b. choisis pour représenter les 5 éléments
- c. en nombre important, j'accumule !

JE PROTÈGE MON CHI EN :

- a. triant beaucoup, tout le temps
- b. accueillant des plantes dans les coins
- c. en faisant de la place pour laisser l'énergie circuler

LA CLÉ D'UN APPARTEMENT FENG SHUI SE CACHE DANS :

- a. l'harmonie des couleurs et matières
- b. l'emplacement réservé à chaque chose
- c. l'équilibre entre désencombrement, rangement et confort

a/b/c En attendant de devenir expert de feng shui, aucune de ces options ne sera aussi efficace que vos cinq sens qui savent vous dire en une fraction de seconde si votre cocon résonne avec les bonnes ondes que vous souhaitez cultiver.

« Si je fixe cette tasse très longtemps, elle va sûrement se transformer en lit chaud, couette et coussins moelleux intégrés (si, si, j'y crois). »

MATHOU

LE LAZY MIRACLE MORNING

Anna Wintour et Tim Cook ont un point commun : ces deux bourreaux de travail se lèvent tôt le matin. Un temps qu'ils consacrent à faire du sport, méditer, s'inspirer comme le détaille Hal Elrod dans son best-seller, *Miracle Morning*. Le principe qui a changé sa vie ? Se lever 2 heures plus tôt le matin. Voici comment adapter cette méthode géniale avec un peu plus de « flexibilité », parce qu'il ne faut quand même pas exagérer : se lever à 5h30 du mat' en plein hiver ? Non mais sans blague…

LE MIRACLE MORNING

5H30
Je me réveille

6H10
Je médite sur un mantra positif

6H30
Je fais une séance d'écriture intuitive

6H40
Je pratique un sport et prends ma douche

7H30
J'affirme mes objectifs du jour

7H40
Je prends un petit déjeuner équilibré

8H00
J'écoute les actualités

LE LAZY MIRACLE MORNING

6H30
Je m'étire doucement, je ronronne

6H40
Je médite allongée en me souvenant de mes rêves

6H50
Je dessine mes rêves ou leurs sensations et je les regarde le soir pour y trouver des messages de mon âme

7H00
Je prends mon café au lit

7H15
Je danse sur ma meilleure playlist puis chante sous la douche

7H45
J'écoute un podcast d'initiatives positives en prenant mon petit déjeuner

8H00
Je me prépare un Post-it avec un mot doux à visualiser en rentrant le soir

MOOD :
le check-up vitalité

Ce matin, vous avez l'énergie d'un koala après un shot d'eucalyptus. D'ailleurs, si le film *Un jour sans fin* avec Bill Murray était sorti en 2021, vous auriez certainement soupçonné les scénaristes de s'être inspiré de votre vie. Ce bégaiement matinal qui vous force dès l'aube à maltraiter votre téléphone lorsqu'il vous atrophie les oreilles, à viser juste à côté de votre tasse pour ramper sous une douche chaude qui n'atrophiera qu'un instant votre crainte d'affronter cette journée, encore une… Allez, on vous a concocté un check-up dans les règles de l'art pour que Bill Murray quitte à jamais votre corps…

JE NOTE DANS MON CARNET

… ces questions feel good que je garde près de mon lit pour y répondre avant de me lever chaque matin…

AU RÉVEIL… JE PEUX DIRE QUE :

- ○ *J'ai bien dormi*
- ○ *J'ai mal dormi*

JE TENTE D'EXPLIQUER POURQUOI…

....

....

JE ME SENS :

- ○ *Au fond du lit, bien engluée*
- ○ *Je suis prête à sauter dans mes chaussons !*

JE DÉTAILLE MES SENSATIONS…

....

....

JE NOTE ICI TOUT CE QUI ME VIENT EN TÊTE POUR PASSER UNE JOURNÉE AUSSI DOUCE QUE POSSIBLE !

....

....

....

....

La méditation ronflante

Cet instant où mon corps est encore endormi, chaud comme un croissant… Cet instant où je pourrais facilement converser avec mon âme, mon « être cosmique », pour poser les bonnes vibrations de ma journée.

Je ne suis pas tout à fait réveillée et je sens que je pourrais facilement retomber dans les bras de Morphée…

En douceur, j'inspire profondément une fois et sens mon ventre, mon thorax et mes épaules se mouvoir… Je reste dans cette sensation un instant.

Ai-je l'impression d'avoir reçu suffisamment de bulles d'oxygène durant la nuit ?

J'inspire et je laisse toute la douceur qui m'entoure se transformer en millions d'étoiles filantes qui se réveillent dans mon corps, depuis la pointe de mes cheveux jusqu'au bout de mes orteils. Ces petits morceaux cosmiques s'activent et se mettent à vibrer pour remettre en ordre de marche mon énergie vitale.

Ces étoiles filantes se transforment en bulles de savon qui éclatent un peu partout dans mon corps comme des chatouilles ou des bulles de champagne qui m'apportent énergie, sérénité et bonne humeur.

Je termine par le mantra de mon choix.
J'inspire une fois profondément, je souris.
Et je me lève en douceur…

EN TÊTE À TÊTE AVEC...

Vaiana

Héroïne du film d'animation *Vaiana, la légende du Bout du Monde*, Vaiana est une jeune fille téméraire qui se lance dans un voyage pour aider son peuple et sauver sa terre, au cœur des îles de l'Océanie.

Vaiana, quel est ton mantra ?

Ose chaque matin faire quelque chose de nouveau pour rester vivante et vibrante !

Pourquoi les matins sont inspirants selon toi ?

Parce que seule sur l'eau, j'ai l'impression de dominer le monde. L'océan me parle et me dévoile ses secrets.

Pourquoi souhaites-tu découvrir le reste du monde quand tu vis sur l'une des plus belles îles au monde ?

Rester en mouvement, c'est attiser sa curiosité et son intelligence, et c'est ce qui me semble être la raison de notre présence sur Terre ! Si on ne bouge pas, à quoi bon ?

Et quand il n'est pas possible de s'évader...

On pourrait détourner les codes pour s'évader autrement ! Le matin possède une énergie insoupçonnée où le soleil fait vibrer fort notre petite voix intérieure pour nous susurrer des secrets : il ne faut pas l'oublier et continuer à l'écouter, cette petite voix...

MON RITUEL de la joie

Vous vous souvenez de votre agenda au collège ? Le Hobonichi va vous réconcilier avec ce format dans une version plus cool et créative. Venu tout droit du Japon, le Hobonichi a été pensé pour être totalement customisé. À mi-chemin entre l'agenda et le journal de bord, il accueille toutes vos inspirations créatives, illustrations, humeurs sous forme de poèmes, photos et souvenirs de vacances… Une bonne raison de démarrer la semaine pour découvrir les petits plaisirs associés à chaque journée que vous souhaiterez vous réserver !

QUELQUES SONS DONT MON LARYNX VA RAFFOLER…

Your Song,
BILLY PAUL

Come on Over Baby,
CHRISTINA AGUILERA

Would You Be Happier,
THE CORRS

Red Red Wine,
UB40

Cigarettes and Coffee,
OTIS REDDING

Lovely Day,
BILL WITHERS

This Feeling,
THE CHAINSMOKERS

Uptown Funk,
MARK RONSON & BRUNO MARS

Tout en douceur avec l'ayurveda

Se lever de bonne humeur ?
Un principe contre-intuitif pour certains mais pris très au sérieux dans l'ayurveda, médecine traditionnelle originaire de l'Inde, qui dévoile que, pour être heureux, il faut se réveiller 2 heures avant le soleil et prendre le temps de réactiver ses sens.

J'observe l'aube, j'écoute le vent, les oiseaux qui s'éveillent, j'identifie les essences dans l'air, je ressens la fraîcheur ou la chaleur de l'air...

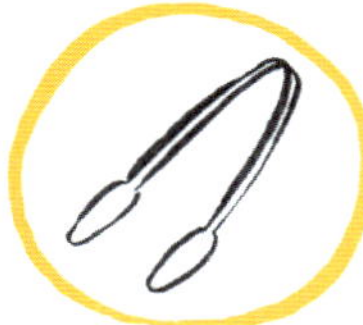

Je nettoie ma langue avec un gratte-langue pour éliminer les dépôts accumulés durant la nuit

Je bois un grand verre d'eau tiède pour réveiller mon système digestif

Je vaporise mon visage et nettoie mes yeux avec de l'eau

Je m'octroie une séance d'automassage à l'huile pour drainer mes tissus

Je file sous la douche chaude pour réveiller mon corps

« La créativité,
c'est l'intelligence
qui s'amuse. »

ALBERT EINSTEIN

SLOW DOWN BABY

« La vie est une course folle et rien n'est garanti. » Eminem aurait-il prononcé cette phrase s'il avait rencontré la première ministre de Nouvelle-Zélande, Jacinda Ardern ? Adepte de l'économie du bien-être, elle tente d'instaurer dans son pays la semaine de 30 heures. Et on est très en phase avec elle. Car en vérité, ralentir sa course effrénée quotidienne et s'aérer l'esprit serait les meilleures façons d'être performant et d'accéder à son plus pur potentiel.

LES PROFS DU BONHEUR DONNENT LE TON !

Je fais une pause !

CONSEIL D'IVAN ILLICH, PROFESSEUR À L'UNIVERSITÉ DE PENNSYLVANIE

« Travailler plus longtemps ne signifie pas produire plus. En fait c'est le contraire : des heures de travail excessives peuvent conduire à une saturation. »

Je mets du fun !

CONSEIL DE MEIK WIKING, DIRECTEUR DE L'INSTITUT DE RECHERCHE SUR LE BONHEUR À COPENHAGUE

« Un de nos problèmes en tant qu'adultes, c'est que nous en sommes venus à trop nous concentrer sur les résultats d'une activité. Nous travaillons pour gagner de l'argent. Nous allons à la salle de sport pour perdre du poids (…) Mais qu'en est-il de faire quelque chose juste pour s'amuser ? »

Je travaille moins !

CONSEIL DE SATISH KUMAR, ACTIVISTE INDIEN, PROMOTEUR DE LA SIMPLICITÉ VOLONTAIRE

« Si vous travaillez 5 jours par semaine, je vous conseille de négocier avec votre entreprise, votre université, votre associé pour passer aux 4/5e et garder un jour par semaine pour vous, vous balader (…) nager dans la rivière, planter des fleurs. »

Mon bureau POÉTIQUE

Une plante good mood, un grigri Star Wars, une couronne de fleurs… À l'heure où le bureau s'installe dans votre espace personnel et où de nouvelles formes d'espaces virtuels ou réels sont imaginées pour connecter les esprits créatifs à distance, il est temps de laisser libre cours à votre imagination pour déployer votre aura créative.

QUELQUES BONNES IDÉES À PIQUER AUX PLUS COOLS « TÉLÉTRAVAILLEURS »

ELOÏSE, 23 ANS, JOURNALISTE

« J'ai choisi de m'entourer de plantes pour leurs bonnes vibrations. Il paraît que certaines sont dépolluantes, d'autres absorbent les ondes électromagnétiques et même le bruit ! Moi, j'y vais à l'instinct. »

KÉON, 37 ANS, ENTREPRENEUR

« J'ai investi dans un support en bois pour mon ordinateur. Il me permet de travailler debout une partie de la journée. Ma posture est parfaite et je me sens vraiment mieux, mon corps est détendu, moins noué. »

MORGANE, 34 ANS, ILLUSTRATRICE

« J'ai toujours travaillé chez moi. Mes objets fétiches sont posés à des endroits précis. J'ai une figurine Baby Yoda, deux illustrations réalisées par des copines, des photos de vacances… Quand j'étouffe, j'y jette un œil et cette fraction de seconde m'apaise. »

MOUNIR, 29 ANS, COMPTABLE

« Comme je travaille de plus en plus souvent à la maison, j'ai investi dans une lampe de luminothérapie. Le résultat sur mon humeur est bluffant. »

Se balancer dans les nuages

Je m'installe dans un coin calme, à l'abri des regards.
Je ferme les yeux.
Je laisse de côté le mouvement, le bruit, les conversations qui s'éloignent à mesure que j'inspire et expire trois fois profondément.

Je visualise une bulle transparente tout autour de moi. Elle possède des reflets arc-en-ciel… Elle m'emmène dans un espace tranquille, entre ce monde palpable et le monde des rêves.

Je me sens protégée.
Cette bulle est entourée de coton. Elle me berce, me dorlote. Elle m'apaise.

J'inspire profondément.
Je relâche chaque partie de mon visage et de mon corps.
J'accueille mes sensations.

Doucement, dans ma bulle, je sens que le monde des rêves m'inonde de sa douceur. Balancée dans cette bulle de protection, j'aperçois mon espace de travail plus bas, mais je suis protégée, dans ce cocon.

J'inspire et les nœuds dans mon corps s'apaisent.
J'expire et mes peurs s'adoucissent.
Je me souviens que mes mots et mon énergie ont un impact sur le reste de ma journée.
Je prends conscience de ma force créatrice.

J'inspire et ramène ces bonnes vibrations ici et maintenant.
J'expire, j'ouvre les yeux et accueille mes sensations.

EN TÊTE À TÊTE AVEC…

Ben Whittaker

Dans le film *Le Nouveau Stagiaire* (*The Intern* en VO) Ben, un retraité incarné par Robert De Niro, est embauché comme stagiaire senior. Si l'arrivée du septuagénaire dans la start-up de Jules Ostin suscite quelques railleries, Ben deviendra vite le guide feel good de l'ensemble des collaborateurs et le plus proche conseiller de la patronne, qu'il va aider à ralentir dans sa course effrénée.

Ben, quel est votre mantra ?

La curiosité et la patience,
mes meilleures alliées.

Comment expliquez-vous que les gens vous adorent au bureau ?

Je les aide à prendre de la hauteur quand ils sont anéantis. Souvent c'est une simple question de perspective. Rien n'est gravé dans le marbre, le changement et le mouvement sont naturels. Ce qui semble être terrifiant un jour peut apparaître comme une opportunité le lendemain. Mais pour ça, il faut arrêter de courir.

Quel serait votre conseil pour ralentir notre course effrénée au bureau ?

Je n'en ai pas. Tentez d'empêcher un enfant de faire une bêtise, est-ce qu'il va vous écouter ? La meilleure façon de comprendre qu'on va trop vite, c'est d'aller au bout de cette course folle, vous ne pensez pas ?

Alors n'y a-t-il vraiment rien à faire pour se sentir mieux au bureau ?

Si, bien sûr… Il n'y a rien de normal à se sentir épuisé avant de démarrer une journée. Quand vous avez compris cela, vous pouvez chercher ce qui pompe votre énergie, puis tout faire pour changer ces conditions ! Et puis il faut relativiser… Tout va si vite. Tout passe si vite.

MES MOTS *sont magiques !*

Selon Louise Hay, auteure de nombreux ouvrages de développement personnel, nos mots ont un pouvoir sur nous-mêmes, notre énergie, ce que les gens perçoivent de nous et ce qu'ils nous renvoient comme un boomerang. L'une de ses méthodes favorites lorsqu'une pensée négative fait surface : « Désolée, pardon, merci, je t'aime », suivie d'une affirmation positive pour la remplacer, comme par exemple : « À mesure que je modifie mes pensées, le monde autour de moi se transforme. »

JE PRENDS MA PLUS BELLE PLUME…

JE DÉCRIS LA FAÇON DONT J'AIMERAIS QU'ON ME PERÇOIVE :

Ex. « Elle est solaire, inspirante »

....

....

....

JE PRÉPARE DES AFFIRMATIONS POSITIVES ET LES DISPOSE PARTOUT POUR LAISSER LA MAGIE INFLUER SUR MON HUMEUR

Ex. J'adore être moi !

* *Je crée une différence positive dans le monde*
* *Je mérite du temps pour me ressourcer*
* *Mes talents sont précieux et uniques*

....

....

....

Chacune de mes pensées peut créer ma réalité

UNE BONNE HABITUDE *par semaine*

Certaines habitudes toutes simples peuvent littéralement changer notre quotidien et, à moyen terme, notre vie. Voici quelques bonnes habitudes piquées aux plus chouettes spécialistes du bonheur pour que vos journées soient plus légères et plus fun !

5 JOURS POUR DÉPLOYER MON ÉNERGIE

Jour 1

J'apprends à dire non. Et je commence par refuser une deadline trop serrée pour rendre un projet. J'explique sereinement pourquoi.

Jour 2

Je bâcle certaines tâches secondaires, les confie à d'autres si je peux et priorise les projets que j'aime.

Jour 3

Je lance une boîte à livres au bureau et j'observe les résultats sur l'ambiance générale.

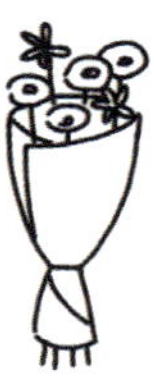

Jour 4

Je fais une chose que j'aime et ritualise cet exercice en préparant mon idée la veille. Par exemple : je lis un livre à l'heure du déjeuner, je m'achète le meilleur dessert de la terre, je m'offre des fleurs.

Jour 5

Je prépare une petite attention pour un collègue qui semble ne pas avoir le moral avec un joli mot feel good associé.

« L'humour, la joie et l'enthousiasme sont source d'énergie. »

DIDIER COURT

LA RECETTE ULTIME *du bonheur ?*

Depuis quand l'homme cherche la recette du bonheur à votre avis ? Bim ! Depuis toujours, vous avez raison. Même Platon y bossait déjà quatre siècles avant J.-C. C'est dire si la recette est complexe… Dans ses différents ouvrages, Elsa Punset nous fait découvrir, entre autres tips, un fabuleux outil : la listographie, ou l'art de créer de jolies listes qui peuvent engendrer les plus doux changements. On suit son conseil mais on le détourne un peu, histoire de mettre du piment dans nos idées.

MES LISTES DE 3 CHOSES DRÔLES, DOUCES OU FARFELUES À REMPLIR...

3 gourmandises
les plus extraordinaires
de la planète

* ....
* ....
* ....

3 films qui
me redonnent
vraiment le moral

* ....
* ....
* ....

3 rêves que je veux
voir se réaliser

* ....
* ....
* ....

3 mensonges qui rendent
la vie plus belle (oups !)

* ....
* ....
* ....

3 choses qui me font rire

* ....
* ....
* ....

3 pouvoirs magiques
que j'aimerais avoir

* ....
* ....
* ....

FAIRE DU PIED À SES VIBES

Stress, fatigue, baisse de moral… notre humeur est étroitement liée à notre santé mentale et physique. Pour Mélissa Szymczak, podo-réflexologue, certaines zones réflexes du pied, savamment stimulées, permettent au corps de se relâcher et d'utiliser ses ressources pour apaiser l'âme et booster notre humeur.

BON À SAVOIR :

La réflexologie plantaire est une thérapie holistique où l'on vient stimuler certaines zones des pieds avec les doigts. À chaque zone correspond une partie du corps ou un organe.

Le bon move

Le massage de chaque zone du pied se fait avec le pouce, ou éventuellement un autre doigt. On peut comparer le mouvement du doigt qui masse à celui d'une chenille qui avance. Pour effectuer le geste, il faut plier et déplier le pouce sans s'arrêter.

Je réveille par le toucher la zone de la colonne vertébrale en chenillant avec mon doigt (en vert sur le dessin) sur chaque pied pour libérer les tensions.

Je tourne et masse généreusement la pulpe de chaque orteil, relié chacun à un lobe du cerveau pour libérer les tensions au niveau de la tête et du cou.

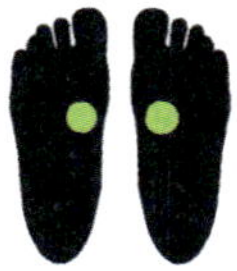

Pour une bouffée de bien-être immédiate, je stimule mon plexus solaire sur le pied gauche puis le pied droit en accompagnant mon mouvement de trois grandes respirations.

Je réveille mon hormone du bonheur, la sérotonine, en massant les zones du cerveau et du système digestif.

J'active ma morphine naturelle, l'endorphine, pour une sensation d'euphorie en massant les zones liées à l'hypothalamus et à l'hypophyse.

Réveiller mon gourou intérieur

Pour cette méditation, je mets mes écouteurs et sélectionne une musique qui réveille mon aura et augmente mes vibrations. Pas une musique de relaxation, mais bel et bien une musique qui réveille tout mon être et le fait vibrer.

Je m'installe confortablement sur le bord gauche de mon lit. Je suis allongée sur le dos, les jambes étendues, le dos bien calé (éventuellement à l'aide d'un coussin).

Je fais trois grandes respirations relaxantes. Je lève mon bras droit vers le ciel, la main ouverte. Le bras gauche pointe vers le sol. Je me connecte en une fraction de seconde à la force de la terre et à l'énergie de l'univers. J'inspire et, au rythme de la musique, je laisse ces deux forces se réunir et diffuser leur puissance, leur créativité, leur douceur et les qualités dont j'ai besoin comme une vague d'énergie à travers mon corps, mon esprit et mon âme.

Je visualise un projet qui me tient à cœur comme s'il était déjà réalisé et j'en ressens tous les détails. J'aperçois les gens qui m'entourent, le décor dans lequel j'évolue et découvre le plaisir d'avoir réussi à réaliser ce rêve… Tout mon corps le ressent.

En accéléré, je vois à présent les étapes qu'il me reste à franchir et les compétences qu'il me faut pour y parvenir. Je passe chaque étape avec facilité et bonne humeur.

L'onde musicale me nourrit de sa force. Elle augmente mes vibrations, mon aura, et ma confiance en moi. Je visualise une dernière fois l'aboutissement de mon projet. Et je reviens ici et maintenant avec cette force et cette énergie positive.

EN TÊTE À TÊTE AVEC...

Liz Gilbert

Dans *Mange, prie, aime*, Liz Gilbert a tout pour être heureuse ! À 28 ans, elle est auteure, mariée, vit dans un bel appartement à New York, une vie de rêve. Sur le papier seulement. Elle va tout quitter et parcourir le monde de Rome à Bali pour retrouver son âme vibrante !

Liz, quel est votre mantra ?

N'attendez pas pour changer votre vie en apparence parfaite si elle ne vous fait plus vibrer.

Et comment peut-on en être sûre ?

C'est simple, vous n'arrivez plus à vous lever le matin.

Mais personne n'arrive à se lever le matin...

Si, les gens dont la vie est alignée avec leur âme ne se posent pas cette question ! Ou rarement tous les jours pendant plus de 30 jours.

Par quoi peut-on commencer, si on ne peut pas tout changer d'un coup ?

Réveillez votre goût pour la vie en réalisant une chose folle, une seule, dont vous avez toujours rêvé ! En une fraction de seconde, vous allez vous souvenir du goût que la vie a lorsqu'elle est alignée avec votre aura. Et il faut ensuite ne plus jamais lâcher ce fil…

LA THÉRAPIE *par le miel !*

Claire Lafon célèbre l'art des abeilles à travers l'apithérapie et sa marque, Apicia. Autrefois considéré comme un produit de luxe, le miel est aujourd'hui reconnu pour ses propriétés « impossibles à recréer artificiellement ». Riche en vitamines, minéraux, oligoéléments, il est l'aliment énergétique parfait. Il possède des propriétés probiotiques, antibactériennes et antioxydantes.

Et mon Apicake ?

Parce que le sucre, c'est la vie…
Je transforme cet or bienfaisant
en gourmandise du dimanche !

125 G DE POUDRE D'AMANDES

150 G DE FARINE

125 G DE SUCRE ROUX

100 G DE MIEL

4 ŒUFS

250 G DE BEURRE RAMOLLI + UN PEU POUR LE MOULE

200 ML DE LAIT

2 C À CAFÉ DE LEVURE CHIMIQUE

2 C À CAFÉ DE RHUM

- Préchauffez le four à 180°C.
- Dans un saladier, mélangez la poudre d'amandes, la farine, le sucre, la levure chimique.
- Dans un second saladier, fouettez les œufs, le miel et le beurre ramolli, le lait et le rhum.
- Incorporez les ingrédients secs petit à petit dans le second bol pour obtenir une pâte lisse et homogène.
- Versez la préparation dans le moule et faites cuire pendant 40 minutes à 180° C.
- À la sortie du four, laissez couler 3 c à café de miel sur le dessus du gâteau et dégustez sans tarder.

LES TICKETS douceur

La chance de voir débarquer chez vous Matt Damon pour un câlin ou Jameela Jamil pour une conversation en tête à tête sur votre super glow ces prochaines semaines est peu probable. Mais ces tickets douceur positionnés dans une jolie boîte peuvent vous rappeler à l'ordre lorsque votre quota de bonne humeur est lourdement entamé. Alors la prochaine fois que vous rentrez chez vous le moral dans les chaussettes, au lieu de ruminer, testez le ticket douceur !

Mes antidotes anti-déprime

Dans la plus jolie boîte que je laisse en évidence dans mon salon, je dessine, découpe et dépose de jolis tickets customisés par moi. Je les ressors dans les moments d'extrême urgence !

Un bisou de Matt Damon :

Ma prescription : j'oublie tout et regarde le film *Will Hunting* avec des popcorns.

Un éloge de Jameela Jamil :

Ma prescription : je reboote ma self-estime en visionnant son talk « Tell Him » sur Youtube pour reprendre en main ma féminité, et je fais suivre d'un bain.

Une attention de Chris Evans :

Ma prescription : j'enfile un pyjama doudou et je découvre le film *Mary* (*Gifted* en anglais), cet éloge à la famille sous toutes ses formes.

Un café avec Lena Dunham :

Ma prescription : je me prépare un bon plat de pâtes fraîches et je me repasse pour la centième fois un extrait de la série *Girls*, les pieds sous la couette.

IKIGAI
le secret des Japonais

L'ikigai, c'est la raison pour laquelle on se lève le matin… ou le secret japonais d'une vie plus heureuse ! L'ikigai c'est un peu comme une fleur dont chaque pétale compte. Tout converge vers le centre, tout part du centre : l'ikigai, c'est notre raison d'être.

JE NOTE DANS LE DESSIN

- *Ce que j'aime* : passions, loisirs, petites habitudes qui stimulent ma bonne humeur.
- *Ce pour quoi je suis douée* : dons, talents, compétences
- *Ce que je peux apporter au monde* : aider les femmes, la nature, les animaux…
- *Ce pour quoi je suis payée* : toutes ces choses que je sais faire et qui méritent un salaire.

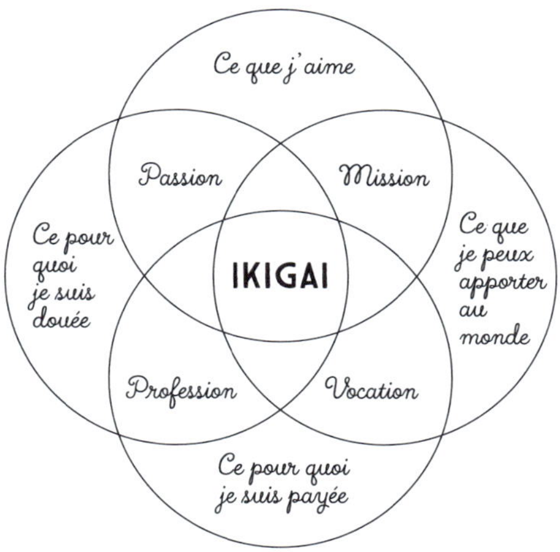

Quand les pétales se croisent !

- Là où « ce que j'aime » et « ce pour quoi je suis douée » se croisent m'oriente sur mes passions.

- Au croisement de « ce pour quoi je suis douée » et « ce pour quoi je suis payée » : mon métier idéal ?

- Entre « ce pour quoi je suis payée » et « ce dont le monde a besoin » donne la vocation.

- Et au centre : l'ikigai, ma raison d'être.

« Nous sommes tous des étoiles et méritons de scintiller. »

MARILYN MONROE

LES SECRETS DE L'ENCHANTEMENT

Non, vous ne rêvez pas, on parle bien d'enchantement. Phineas Quimby, puis Helena Blavatsky sont au XIXe siècle les premiers à formuler les fondements de la « loi de l'attraction », qu'on pourrait aussi décrire comme une sorte de boomerang énergétique. Le principe ? Notre corps et nos pensées émettent une énergie qui attire une énergie similaire. Ainsi les pensées et émotions positives attirent plus de situations positives. J'attire ce que je suis, ce que je ressens, ce que je pense. D'où l'importance de pacifier nos pensées pour qu'elles ne créent pas des paquets de nœuds dans notre vie !

JE RÉVEILLE MERLIN

Vouloir faire table rase des pensées négatives ? Autant demander un château avec vue sur le Mont Blanc ou une île du Pacifique ! Non, supprimer ses pensées parce qu'on l'aurait décidé ne fonctionne pas. Mais écrire des petites notes pour se rappeler qu'on peut les transformer en pensées positives le plus souvent possible fonctionne assez bien ! Allez, 24 heures chrono… pour augmenter mes vibrations positives :

7H30 : *Je pose mes intentions de la journée*

9H00 : *Je tire une carte de tarot pour me guider*

12H00 : *Je remplis mon journal de gratitude*

16H00 : *Je me prépare un mot doux que je colle sur ma porte d'entrée*

21H00 : *Je me projette en préparant un vision board*

22H30 : *J'imagine mon futur moi lors d'une méditation*

07H25 : *Je garde une pierre de protection près de moi*

Ma thérapie COSMIQUE

Les pierres et les herbes vivent et vibrent dans nos espaces sans que nous y prêtions attention. Elles détiennent pourtant un savoir et une énergie dont nous n'avons pas encore mesuré la puissance. S'entourer de leurs bonnes vibrations permet de nettoyer nos espaces et d'attirer à nous les plus chouettes situations.

LES PIERRES QUI AUGMENTENT MES GOOD VIBES

La sélénite
nettoie mon aura et renforce
le pouvoir de ma méditation

La tourmaline
est puissante pour me protéger
des mauvaises ondes extérieures

La citrine
m'aide à ramener une énergie solaire,
positive et pleine d'abondance

Le quartz rose,
pierre de l'amour, me rappelle que la première
personne à chouchouter, c'est moi !

LES HERBES ET FLEURS POUR ÉLOIGNER ET PURIFIER LES ESPACES

Le romarin
associé à la lavande, la menthe et
le basilic, forme un bouquet puissant pour
purifier mon cocon des énergies négatives

La sauge
renforce mes bonnes vibrations

La verveine
purifie mes espaces

La pivoine
éloigne les mauvaises influences

La méditation magique

Je ferme les yeux. J'inspire profondément. Je visualise une situation négative qui tourne en boucle dans ma tête. Elle est au premier plan. J'inspire profondément et j'identifie à quel endroit elle se noue dans mon corps.
Quelles tensions dessinent-elles ?

À présent, je vois cette situation s'éloigner comme s'il s'agissait d'une image qui passe doucement en arrière-plan. Je la retourne comme je retourne un Polaroid et laisse venir à moi la situation que j'aimerais vivre à la place. Je ressens les détails de ce nouveau décor, je me sens apaisée, sereine, rayonnante. J'expérimente ce que cette situation m'apporte.

J'inspire et expire lentement.

Je laisse mes tensions se dénouer à mesure que cette nouvelle situation s'installe comme ma réalité, au premier plan dans mes pensées.

J'inspire et je reviens ici et maintenant avec cette sensation positive : je peux dès à présent remplacer mes expériences négatives par des images plus douces pour influencer mon corps, mon âme et mon futur moi !

EN TÊTE À TÊTE AVEC...

Chidi

Dans la série *The Good Place*, Chidi Anagonye a atterri en enfer, alors qu'il croyait se trouver au « Bon Endroit ». Prof de philo quand il était encore sur Terre, il tente depuis le « Mauvais Endroit » d'inculquer des principes de vie essentiels à ses mauvais élèves devenus ses amis.

Quelle est votre phrase fétiche, Chidi ?

Chaque fois que je la cite, mes camarades s'enfuient. Elle est trop longue et trop compliquée, je vous l'énonce malgré tout ?…

Non merci. Dans ce cas, quel est votre conseil pour nos apprentis en quête de bonne humeur ?

Arrêtez de vous comparer aux autres. On parle de FOMO (*fear of missing out* ou peur de louper des infos importantes sur les réseaux sociaux) mais la pire arnaque de ce siècle c'est de penser, via ces photos bien trop travaillées, que les autres pataugent dans le bonheur quand vous vivez une vie morne et sans intérêt. C'est faux, arrêtez de vous goinfrer de ces mauvaises informations !

Qu'est-ce que vous avez appris de votre passage dans cet endroit spécial qu'est The Good Place ?

Qu'il n'est jamais trop tard pour changer les choses et rendre votre vie plus vibrante et cool !

LE TABLEAU *aux mille pouvoirs*

Je pense, donc je suis.
Jusque-là Descartes ne nous avait pas perdus. Mais si je pense, je vibre et j'attire des situations qui résonnent avec mes pensées. Et dans cette aventure, le vision board est l'outil idéal pour matérialiser nos rêves les plus puissants !
Le vision board, c'est quoi ? Un tableau qui incarne sous forme d'images et de textes vos plus chouettes réussites, vos rêves d'aventures et de projets, vos gourous inspirants.

MA LISTE DE FOURNITURES

- UNE GRANDE FEUILLE CARTONNÉE
- DES CISEAUX, DU SCOTCH, DE LA COLLE, DU MASKING TAPE
- DES PHOTOS, DES IMAGES DÉCOUPÉES DANS DES MAGAZINES, DES CLICHÉS PINTEREST IMPRIMÉS…
- DES FEUTRES, DES CRAYONS, DE LA PEINTURE
- DU TISSU, DES FLEURS…

JE PRÉPARE UNE LISTE

- De personnes et de messages, mantras, citations qui m'inspirent
- De rêves que j'aimerais voir se réaliser
- De réussites dont je suis fière

JE MÉLANGE CES TROIS UNIVERS SUR MON BOARD

- Avec des mots, de la poésie, des morceaux de tissu, des images
- J'organise mes idées avec 1/3 de mes réussites, 1/3 des gens et messages qui m'inspirent et m'aident à viser la lune, 1/3 d'ambiances, situations, décors, personnes qui incarnent ce que je souhaite vivre demain.

GRÂCE AUX ORACLES !

Pour discuter avec son âme, obtenir une guidance, un indice sur un chemin à prendre, on peut compter sur ses rêves, sur certaines fulgurances ou intuitions, sur les signes… sans oublier les cartes divinatoires. Et dans la famille des cartes divinatoires justement, il y a les tarots, le grand classique, un peu complexe et pas toujours très positif. Et puis il y a les oracles. Ces cartes, déclinées selon une grande variété et aux illustrations souvent adorables, servent elles aussi à faire un état des lieux sur ce que l'on vit ou sur les opportunités à venir. Souvent considéré comme plus créatif et plus intuitif que le tarot, l'oracle donne très vite des clés de compréhension assez faciles à interpréter, même pour les débutantes.

Je fais le bon choix d'oracle

Parmi les oracles, il y a une multitude de thèmes, de styles d'illustrations et d'interprétations. Je laisse mon âme faire son choix en fonction de mon seul ressenti à la vue des cartes.

JE TRAVAILLE MA MISE EN SCÈNE

- Avant d'effectuer un tirage, je note mes questions sur un carnet, en les formulant précisément pour qu'il n'y ait que peu de doute sur les réponses. Je fais un tirage pour chaque point à aborder !

- J'allume une bougie et dessine un champ de protection grâce à un cristal de mon choix… Je me prépare une boisson relaxante à siroter durant mon tirage pour rester concentrée.

JE RÉVEILLE MON INTUITION

- Avant de réaliser mon tirage, je prends le temps d'une courte séance de relaxation pour que mes questionnements et mon excitation s'apaisent.

- Si je suis débutante, chaque question notée dans mon joli carnet fait l'objet d'un tirage d'une à trois cartes. Je sors les cartes sans réfléchir. Mais avant de me précipiter pour découvrir les descriptifs, je note d'abord intuitivement ce qu'elles me susurrent. Je note ensuite les détails du descriptif qui répondent à ma question, puis j'effectue des recoupements pour les cartes qui peuvent se répondre entre elles.

« Et puis, il y a ceux
que l'on croise, que l'on
connaît à peine, qui vous disent
un mot, une phrase, vous accordent
une minute, une demi-heure
et changent le cours
de votre vie. »

VICTOR HUGO

Éponger OU NE PAS ÉPONGER l'énergie des autres…

On le sent, on le sait et pourtant on s'étonne de l'apprendre au détour d'une étude. Nous ne sommes que des éponges… Des éponges à énergie. C'est peu ou prou ce que nous dévoile une étude réalisée par l'université de Bielefeld en Allemagne : nous sommes continuellement influencés par les énergies dégagées par notre entourage. De la même manière que les plantes peuvent utiliser l'énergie d'autres plantes pour vivre, nous pourrions aussi nous brancher sur l'énergie des autres pour nous « recharger » ou au contraire « être vidés par eux ». Pas étonnant que l'on puisse se sentir drainés en sortant de réunion ou du métro !

JE RECHARGE MA BATTERIE ÉNERGÉTIQUE

Je goûte un instant à cette force invisible à l'occasion d'une balade en forêt ; du coup forcément ça envoie moins de bois, mais je teste avant de râler…

J'identifie un arbre accueillant, je m'assieds le dos le long du tronc et pose mes mains sur mes genoux, paumes face au ciel. J'inspire et j'expire en accueillant mes sensations.

Mon mantra good vibes : « Je me connecte à l'énergie de la terre et laisse danser mon âme et mon énergie vitale avec la force invisible de la nature. »

Je reste là 5 minutes sans parler, mon mantra en tête et accueille mes sensations !

LA PIZZA *de la paix !*

Ce n'est pas tous les jours qu'on a le droit de manger une pizza pour la bonne cause… Ce soir, vous allez relever le défi de préparer une pizza avec la personne de votre choix et d'en profiter pour dénouer deux ou trois nœuds que vous aurez identifiés ensemble. Prête ? C'est parti !

LES ÉTAPES :

* Je préchauffe le four à 210°C.
* J'étale la pâte à pizza bio sur une plaque recouverte de papier sulfurisé et la garnis de sauce tomate.
* J'ajoute 100 grammes de fromage râpé, une mozzarella coupée en tranches, 2 tranches de jambon cru ou de bresaola et quelques champignons lavés et découpés.
* J'enfourne pour 15 à 20 minutes.
* J'ajoute une poignée de roquette à la sortie du four.

JE FAIS LA PAIX

Pendant que la pizza cuit...

* J'identifie avec mon partenaire trois choses qui nous plaisent chez l'autre.
* Je cite deux des moments les plus incroyables que nous avons vécus ensemble.
* Je note sur un papier une ou deux aventures que l'on se met au défi de vivre ensemble dans les trois prochains mois pour raviver le feu amical, amoureux ou familial.

C'est prêt ?
Je déguste et laisse la magie opérer...

Friends reboot

Voici une méditation toute douce pour dénouer un conflit, au moins dans votre cœur, durant une méditation !

Je suis installée confortablement dans un fauteuil, entourée de coussins qui me protègent et me réconfortent. J'inspire profondément et expire doucement trois fois.

Je fais un premier état des lieux de mon corps. J'identifie les points de nœuds, de stress, d'angoisse.

Je repense à un conflit vécu durant la journée ou la semaine avec une personne qui compte mais qui me rend complètement dingue. Je revis ce moment à distance, l'image apparaît comme dans un Polaroid, elle n'est pas au premier plan. Mais les sensations montent en moi.
J'inspire à mesure que le ton monte et expire alors que la pellicule de l'histoire s'imprègne comme si je vivais l'expérience.

Le Polaroid toujours devant mes yeux, j'en gomme les contours pour ne garder que la personne au centre. Je la regarde avec bienveillance. Je repense aux qualités incroyables que cette personne possède et aux bons moments passés ensemble.

J'inspire et entoure la personne de bienveillance, de douceur, de force et d'ondes positives.
Je me souviens que ce que je souhaite à l'autre revient vers moi comme un boomerang.
J'énonce à voix haute ce mantra :

« Je ne t'en veux pas.
Je ne m'en veux pas.
Je nous pardonne. »

J'inspire et termine la méditation sur ces notes positives.

EN TÊTE À TÊTE AVEC...

Jess, New Girl

Jessica Day, jeune trentenaire un peu loufoque, sensible et romantique, est maîtresse d'école. À la suite d'une rupture amoureuse douloureuse, Jess part à la recherche d'un nouvel appartement. Elle accepte une colocation avec trois célibataires au cœur de Los Angeles et, avec leur aide, se met en quête de la vie idéale.

Jess, quel est votre mantra ?

Ne sous-estime jamais une personne qui recule.
Si ça se trouve, elle prend de l'élan.

C'est vraiment votre attitude lorsque tout va mal ?

Non, je pense qu'en vérité notre force, ce sont les amis qui volent à notre rescousse lorsque rien ne va plus. Et je pense que *Dirty Dancing* aurait dû être écrit pour célébrer l'amitié.

Et si la vie vous fait un coup dans le dos, que lui répondez-vous ?

J'ai pris l'habitude de faire un « panic moonwalk » aux gens qui m'attaquent ou aux situations complexes que je ne peux maîtriser. Dans la pratique, je danse à reculons pour sortir d'une pièce avec élégance et dignité. C'est ma façon de lâcher prise et de laisser faire lorsque je n'ai rien à répondre ou que je ne veux pas entrer dans un conflit qui ne mènera nulle part.

Vous parlez beaucoup de vos amis. Quelle est selon vous la plus belle preuve d'amitié que l'on puisse offrir à ses proches ?

L'art d'écouter sans broncher.
C'est assez rare dans ce monde, on a un avis sur tout, tout le monde et tout le temps. Alors écouter sans rien dire, c'est déjà beaucoup.

VOS ANGES *sur terre...*

Pour être heureux, il suffirait, selon les chercheurs du bonheur les plus réputés, d'imiter les gens heureux. Mais si on creuse ces études, il semble encore plus efficace de s'entourer de ces gens heureux. Parce que la joie n'est qu'énergie et que l'énergie est contagieuse. Du coup, cela semble totalement essentiel d'identifier notre « typologie de personnes heureuses » pour mieux s'en imprégner, les renifler et les inviter à ne plus nous lâcher d'un chausson.

ET MOI, ÉMOI, ÉMOIS

Je colle la photo des 3 personnes qui me rendent vraiment très très heureuse !

Je note ici pourquoi elles sont chouettes

....

....

....

Comment elles se comportent et vivent

Pourquoi elles m'inspirent

....

....

....

Comment elles parlent de moi
(en bien, obligatoirement, sinon ça ne va pas marcher)

....

....

....

LE MEC *le plus sympa* DE LA TERRE

Vous connaissez la légende du Free Help Guy, le type qui a inventé une nouvelle forme de solidarité via les réseaux sociaux ? Tout a commencé en 2013, en Grande-Bretagne, quand ce garçon anonyme et masqué comme Superman, a décidé qu'il aiderait n'importe qui à faire n'importe quoi, gratuitement. Bon, OK, ça aurait pu tourner mal, mais le monsieur a cartonné. Et parmi ses bonnes œuvres, il a pu aider des gens à repeindre leur maison, faire des courses ou encore retrouver la trace d'un papa perdu !

DES MOTS DOUX !

- J'écris des mots doux et les distribue dans les boîtes aux lettres de mes voisins.
- Je pique des idées de mantras à noter si je suis en mal d'inspiration.

Le bonheur est toujours à la portée de celui qui sait le goûter.

FRANÇOIS DE LA ROCHEFOUCAULD

Exister, c'est oser se jeter dans le monde.

SIMONE DE BEAUVOIR

Le seul, le vrai, l'unique voyage, c'est de changer de regard.

MARCEL PROUST

Créer, c'est vivre deux fois.

ALBERT CAMUS

Je connais mes limites, c'est pourquoi je vais au-delà.

SERGE GAINSBOURG

Le Brain Brushing des Bhoutanais

Le Brain Brushing, qui semble tellement cool en anglais, est l'art tout simple mais efficace de brosser et gratter son cerveau en mode pleine conscience, comme on se brosserait les dents ou les cheveux. Dans les écoles au Bhoutan, les élèves démarrent et finissent leur journée par cette courte séance de méditation. Une façon pour eux d'être conscients du monde qui les entoure, plus empathiques et sensibles. Cette pratique permet de prendre du recul sur les événements de la journée, d'atteindre l'équilibre et la sérénité.

3 minutes pour passer le balai (dans mon cerveau) !

Assise confortablement, je ferme les yeux et imagine que de minuscules brosses cosmiques viennent balayer les nœuds, les angoisses, les doutes, les tristesses installées durant la journée dans mon cerveau.

*

À mesure que j'inspire, les petites brosses attrapent ma poussière d'angoisses, de nœuds, de doutes, de tristesse.

*

Alors que j'expire, les poussières sont balayées et expulsées de mon cerveau pour être absorbées par un nuage violet, tout doux et dodu, juste à l'entrée de mon oreille gauche. Ce nuage sera ensuite nettoyé par l'univers.

*

À chaque inspir, je me sens plus sereine.
À chaque expir, je me sens plus légère.

*

À pratiquer matin et soir
durant 3 à 10 minutes !

« Entre deux pins,
il y a toujours une porte
vers un nouveau
monde. »

JOHN MUIR

Le fabuleux pouvoir de la vitamine G

Les scientifiques parlent de vitamine G (comme « green ») pour évoquer le pouvoir de la nature sur notre corps, notre mental et notre âme ! Psychologue et chercheur, le docteur Stefan explique que « l'immersion totale en milieu végétal, la présence de verdure autour du lieu de vie, de plantes en intérieur et la nature virtuelle », y compris nos images en fond d'écran, ont toutes un effet positif sur nous : concentration, créativité, sérénité, réduction du stress et meilleure humeur. Au Japon, le pouvoir de la nature, en particulier des arbres, a inspiré une médecine préventive, le shinrin yoku, ou bain de forêt, qui invite à se lier à la forêt pour apaiser les maux du corps et de l'âme. Comment ? En nous connectant et en ouvrant tous nos sens à la nature…

JE LIBÈRE LE POUVOIR DE LA FORÊT !

4 prérequis non négociables :

- Je réveille mes cinq sens
- Je trouve une forêt accueillante
- Je laisse mon téléphone à la maison
- Je pars pour un minimum d'une heure et demie

Je marche en forêt

Elle m'invite à solliciter mes cinq sens ! J'écoute le chant des oiseaux, le bruit du vent dans les arbres, j'observe les nuances de vert, je respire les essences qui m'entourent, je touche l'écorce et les feuilles, je m'assieds contre un arbre pour accueillir mes sensations.

Je fais une courte séance de stretching ou de yoga près d'un arbre

et profite de chaque mouvement lent pour connecter mes pieds à la terre, mon esprit aux arbres, mon âme au vent.

Je fais un pique-nique au bord d'un ruisseau

et privilégie un repas à base de plantes.

LES ARBRES *me draguent !*

« Il y a dans les bois une forme de magie… » Dans le roman de Richard Powers, *L'Arbre-monde*, les héros mesurent près de 100 mètres de hauteur et ont plusieurs siècles d'âge. L'auteur explique que les arbres sont conscients de notre présence et que, si nous ressentons du bien-être au cours d'une promenade en forêt, c'est peut-être parce que les arbres sont des créatures sociables qui peuvent même « essayer de nous draguer ». Ralentir, travailler moins, marcher plus, voilà les premiers principes de Richard Powers.

JE DISCUTE AVEC LES ARBRES

Pour sociabiliser avec la forêt
je commence par laisser mon téléphone
et mon appareil photo, je prends un petit sac
en tissu, une bouteille, un bocal pour recueillir
mes trouvailles, et j'apprends à demander
la permission à la forêt de lui voler
quelques souvenirs…

Je colle ou dessine ici 3 trésors trouvés dans la forêt : l'eau d'un ruisseau, une pierre, une feuille ou une fleur…

Je recueille mes sensations, mes intuitions, mes idées créatives en touchant, humant, regardant ces éléments.

....

....

....

....

La forêt, mon alliée

Cette méditation peut se faire en mouvement dans la forêt ou assise contre le tronc d'un arbre.

J'inspire lentement et ouvre mes sens un à un.
Ma vue. J'observe les couleurs des arbres, du ciel et de la terre.
Mon odorat. J'inspire et identifie les essences qui m'entourent.
Mon ouïe. J'entends les feuilles frissonner, les branches s'embrasser.

Mon toucher. Je pose mes mains contre le tronc ou sur la terre et en identifie la température, la texture…

Mes sens réveillés, je ferme les yeux. Je ressens doucement la force des arbres qui m'entoure, l'énergie qu'ils transmettent, les vibrations que ce lieu offre en partage.

J'énonce ce mantra à haute voix ou dans ma tête :

Je me connecte au pouvoir infini de la forêt avec bienveillance et respect.

J'inspire et visualise mes jambes s'enraciner dans la terre, mes bras se marier au vent pour qu'à chaque inspiration mes poumons s'imprègnent de la force de la forêt, et mon âme de la sagesse des arbres.

J'inspire et reviens ici et maintenant avec le sentiment que cette connexion peut durer, malgré la distance entre moi et ce lieu.

EN TÊTE À TÊTE AVEC...

L'arbre des Âmes

Dans le film *Avatar*, l'arbre des âmes est un saule pleureur géant, sanctuaire sacré des Na'vis, le peuple vivant sur la planète Pandora. En lien avec la divinité Eywa, l'arbre des Âmes a la capacité de se connecter au système nerveux humain, à la faune et la flore de la planète.

Quel est votre message aux humains ?

Vous devez vous souvenir que toutes les formes de vie sont connectées. Vous allez bien trop vite pour le ressentir profondément, mais vous reconnecter plus souvent à la nature, à votre terre, peut vous permettre de vous souvenir, par le corps.

Vous pensez que nous avons oublié ?

Beaucoup d'entre vous ont oublié, oui. Pourtant, animaux, plantes, humains peuvent vivre en osmose. C'est un rêve pour certains, mais bel et bien une possibilité ancrée dans votre ADN. Vous accumulez les biens, plutôt que les expériences. Et cette accumulation a un impact sur votre humeur. Et ce que vous ressentez, je le ressens aussi. Tout le monde le ressent.

Quels sont vos conseils pour se souvenir de notre connexion ?

Observez et copiez les enfants, jouez, pensez moins souvent aux possessions matérielles et plutôt à ce qui vous apporte du bonheur et de la joie.

Un dernier mot ?

Les vies extraordinaires ne sont jamais publiées dans les plus grands journaux ou sur vos réseaux sociaux favoris… Plus les gens parlent, moins ils ont le temps d'être heureux.

LA PUISSANCE *des fleurs*

Dans le bouddhisme zen, l'ikebana permet à l'homme d'être en totale harmonie avec la nature. Ainsi il peut créer un « objet naturel » en adéquation avec son état spirituel du moment. Kenji Tsutsumi est maître d'ikebana. Dans sa boutique du 3e arrondissement de Paris, derrière sa grande table en bois, il prépare ses compositions florales comme on fait de la méditation. Si vous passez sans prévenir, il vous demande comment vous vous sentez avant de sélectionner pour vous les quelques végétaux qui sauront réveiller le soleil dans votre cœur.

JE RECHARGE MA BATTERIE ÉNERGÉTIQUE

J'imagine un bouquet pour reconnecter mon âme à la nature grâce à quelques règles essentielles.

Je choisis mes végétaux en fonction du message à faire passer : les bambous symbolisent la prospérité et les fleurs de pêcher sont un hymne à la féminité.

Je m'inspire des couleurs et des fleurs de la saison.

Je choisis des fleurs et végétaux frais.

Je fais fonctionner mon odorat et ma vue pour connecter le bouquet à mon âme.

Je montre le ciel avec une branche plus haute que le reste du bouquet et je représente l'humain au milieu de mon bouquet, légèrement penché, avec une fleur ou un feuillage.

J'incarne la terre grâce à des végétaux placés plus bas.

DE L'ÉNERGIE
en bouquets

Les végétaux ont un langage, une énergie, surtout lorsqu'ils sont sélectionnés avec amour et avec une intention. Aujourd'hui, c'est décidé, j'offre des bouquets pleins de sens à mes proches pour les remercier, apaiser un conflit, ramener de l'énergie dans ma vie ou encore de la poésie dans ma maison !

À CHAQUE FLEUR SON POUVOIR

J'OUBLIE MES SOUCIS
L'anémone

soigne les petits
et les gros chagrins

J'ENVOIE DE LA POÉSIE
Le bleuet et l'églantine

ramènent poésie et douceur
dans nos intérieurs

JE TROUVE L'INSPIRATION
L'orchidée et le jasmin

célèbrent le voyage et
l'inspiration créative

JE RELÂCHE LA PRESSION
La lavande

invite à ralentir et
prendre soin de soi

J'INVOQUE LA PASSION…
La rose

blanche symbolise le respect,
la rose la tendresse, la rouge
la passion

« Essayer d'être heureux
en accumulant des biens,
c'est comme essayer de satisfaire
sa faim en se collant
des sandwichs sur
tout le corps. »

JOHN MUIR

L'ART DE RALENTIR

Selon Satish Kumar, ancien moine jaïn célèbre pour sa marche pour la paix de plus de 12 000 kilomètres contre l'arme nucléaire, « Il y a un temps pour marcher, un temps pour méditer, un temps pour aimer. » Et on ne saurait manquer de temps, puisque l'univers nous offrirait l'éternité. Peut-être plus facile à dire quand on est moine. Un peu moins quand on a un boulot la semaine, un boss qui nous surcharge de travail, des soirées qui ressemblent à une course poursuite et des week-ends remplis de tâches plus ou moins sexy… Pourtant, quand on découvre les études très sérieuses de l'Institut de recherche sur le bonheur de Copenhague et qu'on voit que même les experts nous invitent à ralentir pour être plus performants, on met sa loupe sur le mot slow en vue d'améliorer notre quotidien !

JE PARSÈME MA SEMAINE DE SLOW

Voici des idées de petits pas pour intégrer le slow dans ma routine hebdomadaire…

Le matin

* Je lis quelques pages d'un livre good mood
* Je me déplace à vélo ou à pied
* Je fais le marché avant de démarrer ma journée

L'aprèm

* Je fais quelque chose de mes mains : cuisiner, jardiner, dessiner…
* Je m'offre une demi-journée rien qu'à moi
* Je me réserve le temps d'une promenade

Le soir

* Je passe ma soirée sans mon smartphone
* Je m'accorde 15 minutes pour méditer
* Je consacre 10 minutes à écrire ce que je ressens dans un carnet

LE POUVOIR *du vélo*

Tous les fans de « la petite reine » le disent, quand on fait du vélo, on est de meilleure humeur. D'abord parce qu'en activant nos muscles en douceur, on libère de l'endorphine, qui atténue le stress et l'anxiété, et on fait le plein de dopamine, antidépresseur par excellence. Et ça marche même pour aller au boulot, puisqu'une étude de l'université de Portland dévoile que le vélo pour se rendre au travail apporte plus de bien-être et de sérénité que tout autre mode de déplacement, marche incluse !

Les 5 conseils avant de se lancer

Je m'équipe : casque looké et poncho de pluie sont le point de départ.

Panier à l'avant, porte-bagage à l'arrière, j'adopte les bons accessoires pour transporter mes affaires et voyager léger.

Je pense à ma sécurité en fin de journée avec des éclairages avant et arrière adaptés.

J'achète un bon antivol U et pimpe mon vélo avec de la couleur et des stickers – ça dissuadera peut-être les voleurs !

Je repère un lieu propice à une escapade et me lance à l'heure du déjeuner…

EN TÊTE À TÊTE AVEC...

Baby Yoda

Dans la série animée *The Mondalorian*, Baby Yoda n'est pas un clone de Yoda mais un membre de l'espèce du Maître Jedi disparu. Élevé dans le temple Jedi de Coruscant, il a appris à maîtriser la force…

Est-ce que je peux t'offrir quelque chose à manger Baby Yoda ?

Une grenouille ?

On n'a pas trop ça ici... Baby Yoda, qu'est-ce que tu viens faire ici ?

T'apprendre à augmenter tes capacités vibratoires je viens, ralentir tu dois.

En quoi ralentir nous permet de booster nos capacités ?

Mieux réfléchir, ralentir te permet.
Si agitée tu es, à celle d'un lapin
ta capacité de réflexion s'apparente.

Et comment faire pour stimuler la force en soi ?

Observe. Ressens. Ne pas te presser il faut.

Tu parles de nos idées créatives, des choix dans notre vie ?

Par ta capacité à te connecter
à la force, ta vie est régie.
Si à l'écoute tu es, grandir
ton intuition pourra.

Dans la peau d'un paresseux...

Installée confortablement, le dos bien droit et les jambes déliées, je ferme les yeux.

Je me donne le temps de ressentir le mouvement tout autour de moi.

Je prends conscience de la pollution sonore, des vibrations qui peuvent entourer ce rythme dans lequel j'évolue chaque jour sans en identifier l'impact sur mon corps et mon esprit.

J’inspire profondément et colore ce rythme, ce mouvement, ce bruit de couleurs, de formes. Cette vibration prend vie autour de moi mais ne me touche pas. Ne m’atteint pas.

Je suis au ralenti au milieu de ce paysage qui semble tourner en accéléré.

J’inspire et prends conscience du pouvoir que j’ai de ralentir les situations, à chaque instant, pour observer, profiter et être consciente de ma force lorsque j’avance lentement, sans me presser.

À mesure que j’inspire, je prends conscience de ma force, et mon aura se colore pour s’offrir une armure de protection lumineuse, translucide. Je me répète ce mantra :

Lorsque je ralentis, je permets à mon énergie de se déployer.

J’inspire trois fois profondément et reviens ici et maintenant avec cette force douce à mes côtés.

JE LÂCHE MON SMARTPHONE

Un couteau n'est qu'un couteau, soit un objet neutre. C'est l'usage que j'en fais qui lui confère son sens (peler un fruit ou blesser quelqu'un). Et la technologie de nos smartphones serait comme ce couteau, neutre : elle peut nous donner accès à un tas de services, nous connecter avec des gens à travers le monde, comme elle peut nous rendre esclaves. Et quand j'en prends conscience, je peux décider de la dominer pour le meilleur… ou du moins essayer.

5 JOURS POUR OUBLIER MON SMARTPHONE

Lundi : j'avoue !
et je prends conscience de mon addiction en installant la police de la connexion sur mon smartphone : une appli qui va calculer mon temps d'écran sans mentir.

Mardi : je ressens
que rien n'est anodin dans ces connexions. Encore moins mes sensations de mal-être. Je fais le point sur mes ressentis, juste après avoir utilisé mon téléphone, mes réseaux sociaux, mes applications.

Mercredi : je simplifie
et fais le vide dans mes abonnements et comptes sociaux qui réveillent en moi cet instinct de comparaison. Je trie, supprime, efface.

Jeudi : je coupe
et branche mon téléphone à l'autre bout de mon appartement dès 21 heures. J'en profite pour écrire, dessiner, lire, me détendre devant un bon film ou méditer.

Vendredi : j'oublie
mon téléphone à la maison avant une balade de fin de semaine en forêt…

Le bonheur à la suédoise

Non vous ne rêvez pas. Les Suédois n'ont rien volé aux Danois. Et le hygge n'est pas tout à fait similaire au lagom, qui se prononce « lar-gom ». Quant aux principes fondateurs de cet art de vivre à la suédoise, il se résumerait en quatre mots : « vivre mieux avec moins ». Une tendance qui s'inscrit dans le mouvement slow et invite à ralentir sa course effrénée pour se reconnecter au rythme de la nature et préserver les ressources de la planète, rechercher le juste équilibre et les plaisirs simples.

« Il en faut peu pour être heureux. »

- Je cultive mon potager
- Je désencombre
- Je privilégie le local (consommation)
- Je préfère la qualité à la quantité
- Je m'entoure de matières naturelles
- Je simplifie mes rituels beauté

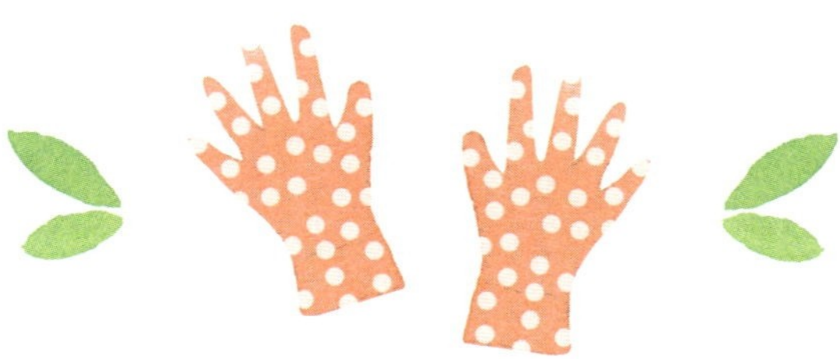

« Je vais vivre
jusqu'à 105 ans
et je vais montrer
mes cuisses tous
les jours. »

LENA DUNHAM

JE RÉVEILLE MA DÉESSE INTÉRIEURE

Notre posture influe sur notre humeur et notre humeur influe sur la beauté et l'énergie de notre corps. Chercheuse en neurosciences et spécialiste d'art-thérapie, Tal Shafir dévoile dans ses travaux le pouvoir immense de nos mouvements et postures du quotidien sur notre humeur. Ainsi, le fait d'intégrer des mouvements associés au bonheur aurait un effet durable sur notre humeur.

MES 5 POSTURES GOOD MOOD

Je bâille et inspire profondément

Cette simple action permet à mon corps de se réoxygéner. C'est lui qui indique à mon cerveau que tout va mieux.

J'adopte la bonne posture

En position assise ou debout, je veille à me tenir bien droite, les épaules ouvertes. Et si je marche, j'adopte une démarche assurée.

Je danse !

Tal Shafir conseille de faire tout ce qui peut rendre notre corps heureux. Et ça inclut de mettre de la musique à fond et de bouger, danser ou agir comme si on venait de recevoir une super nouvelle !

Je fais le chameau

Cette posture de yoga est propice à la libération de mes émotions et renforce ma vitalité. Ici, je me penche en arrière pour ouvrir mon cœur.

JE SUIS UNE BOMBE... *de bain*

Prendre soin de soi influe sur notre soleil intérieur. Et si cela semble aussi simple que de se brosser les dents, dans la pratique, à 21 heures, quand l'émotion de la journée nous donne plutôt envie de nous fondre dans la couette et de ne faire qu'un avec notre lit, ça n'est pas si évident. Alors on anticipe les petits moments d'urgence durant lesquels notre corps a besoin d'un remontant et on fabrique une bombe de bain pour décompresser et s'offrir un moment hors du temps.

« Badaboombe » de bain

- Dans un grand bol je mélange 220 g de bicarbonate de soude, 110 g d'acide citrique (en magasin bio) et 110 g de maïzena.

- Dans un verre je mélange 2 cuillères à café d'eau, 3 cuillères à café d'huile d'amande douce, 20 gouttes d'huile essentielle et le colorant alimentaire de mon choix (si le colorant est en poudre, je l'ajoute à l'étape précédente).

- Dans mon récipient, je verse un peu de ma préparation liquide et je fouette immédiatement.

- Je répète l'opération jusqu'à ce que mon verre soit vide.

- Je remplis mes moules pour bombes de bain.

- Je laisse reposer au moins 4 heures.

EN TÊTE À TÊTE AVEC…

Hannah

Démarrer sa carrière en plein New York quand on a 25 ans, ça fait quoi ? Hannah Horvath est l'héroïne de la série *Girls*. Entourée de ses trois meilleures amies, elle rêve de devenir écrivaine et de trouver une forme d'équilibre…

Quel est ton mantra ?

La vie est plus intense quand tu la conduis
comme si tu faisais du poney.

Hannah, tu t'assumes vraiment ou c'est juste pour la série ?

Je pense qu'être féministe,
c'est donner aux femmes la liberté de choix
qu'on ne s'accorde pas à soi-même.

Tu dis quand même que quand tu as 5 kilos en moins, tu te sens mieux...

La peur du regard de l'autre sur nous ne
s'apaise jamais, je crois. Mais je préfère être
complimentée sur mes idées par une belle âme que
sur mon physique par un mec à priori très beau
dehors mais avec un esprit moche.

Et quelles sont tes bonnes habitudes pour cultiver ta confiance en toi ?

Mes bonnes vibes font du yoyo, ceux qui
disent le contraire mentent. Mais je dirais
que je préfère manger des choses qui me rendent
joyeuse et faire de l'exercice en courant
après mon chien ou les gens que j'aime que
d'être enfermée dans une salle de sport
à manger des feuilles.

Je t'aime tellement…

Fermez les yeux et prononcez ou écoutez ces mots vibrer en vous comme un pansement, une douce mélodie, une inspiration…

Très cher corps,
Je sais que parfois je te compare.
Souvent je t'en veux.
Parce que tu n'es pas exactement comme les diktats l'imposent.
Parce que tu n'as pas le rythme, la forme exacte dont je rêve.

Parfois je voudrais te transformer, te modifier, t'échanger.
Et pourtant tu portes ma force, mon intelligence unique, ma douceur, ma révolte, mon énergie, mon âme, mes combats, mes secrets.
J'aimerais te dire
À quel point je suis fière de toi,
À quel point je sais que chacune de tes parties n'attend qu'un seul mot pour rayonner, vibrer.
Alors voici ce signe que tu attends.
Tu es unique, puissant et tu portes un univers entier dans ton centre, prêt à vibrer fort pour s'exprimer.
Je t'aime, je t'aime et t'aime tant.
Cher corps, je t'aime et je veux que tu t'en souviennes.

N.-B. : Méditation à enregistrer et se repasser en boucle !

Ces mots stupides…

Les mots ont une énergie.
Vous maîtrisez cette idée à présent, n'est-ce pas ? Alors pour renforcer votre bonne humeur, qui est presque aussi vibrante que celle des dieux à ce stade du livre, on vous invite à vous inspirer des Consultations scientifiques et poétiques données par le Théâtre de la Ville de Paris : un comédien vous appelle pour sonder votre humeur et choisir un poème adapté à l'état de votre âme et de votre cœur… Bloquez un créneau dans votre agenda, choisissez un poème ou laissez faire un ami et demandez-lui de vous appeler pour vous chuchoter ces mots doux par téléphone. En échange, faites de même pour elle ou lui.

QUELQUES IDÉES EN PASSANT…

« Je n'ai qu'un instant.
Je t'envoie l'éternité dans une minute,
L'infini dans un mot,
Tout mon cœur dans : je t'aime. »

VICTOR HUGO

« J'écrivais des silences, des nuits,
je notais l'inexprimable.
Je fixais des vertiges. »

ARTHUR RIMBAUD

« Some days
I'm more wolf
than woman
And I am still learning
How to stop apologizing
For my wild. »

NIKITA GILL

Remerciements

Toute ma gratitude à :

Nathalie Ouederni, ma binôme dans cette aventure.
Parce qu'il n'y a rien de plus puissant
qu'un dessin pour expliquer une idée !

Les holigirls qui ont pensé à moi pour ce carnet.

Arthur, mon fils de 5 ans bientôt,
qui est venu « travailler avec maman » durant
nos vacances à La Baule pour me motiver et dessiner
les contours de la bonne humeur avec moi.

Ma bande de coquins, Arthur, Ella et Nico, qui
me rappellent chaque jour que les good vibes ne sont
pas cachées dans les livres (sauf celui-ci) mais dans
l'instant présent, là où on confectionne des trucs
incroyables avec des bouts de ficelle et pour le seul
plaisir de rire et d'être ensemble.

Mon éditrice, Lama, qui est d'une patience
d'ange et d'une rare attention. Merci pour
sa confiance et sa bienveillance.

Et toutes les good vibes girls de ce livre pour leurs
enseignements quotidiens et dont vous retrouverez les
références et adresses dans ma bibliographie.

Mélody Szymczak

Un grand merci à Lama et Marion, ainsi qu'aux éditions Solar pour leur confiance renouvelée avec le troisième ouvrage de cette collection dont je réalise les illustrations et le graphisme. C'est à chaque fois un honneur et un défi pour moi.

Merci à Mélody pour ta bonne humeur,
tes étincelles et ta poésie.

Merci à toutes les personnes qui soutiennent mon travail, que ce soit par le biais des réseaux sociaux ou en achetant mes créations en ligne.

Merci à vous, chers lecteurs et lectrices, d'avoir acheté ce livre et de vouloir ajouter un peu de bonne humeur dans votre quotidien !

Nathalie Ouederni

MES SOURCES d'inspiration

JE RÉVEILLE MON GLOW

Face Soul Yoga : https://www.herecomesdelsol.com

Yoga du visage : https://yogavisage.fr

HEUREUSE COMME UNE BANANE !

Claire Andreewitch est naturopathe à Paris et auteure de ***Révélez votre glow***, publié aux éditions Marabout.

LES SUPERPOUVOIRS DU SOMMEIL

Voir les études de Patrick Finan de l'université John Hopkins.

Comprendre et pratiquer les techniques d'optimisation du potentiel – Être et rester au top par le docteur Édith Perrault Pierre, disponible aux éditions Dunod.

MON BUREAU POÉTIQUE

Performance au travail : et si tout commençait par vos bureaux ? d'Alain d'Iribarne aux éditions Italiques.

Les articles de Welcome to the jungle sur la performance au travail sont consultables en ligne.

FAIRE DU PIED À SES VIBES

Mélissa Szymczak est podo-réflexologue au Vésinet.

LA THÉRAPIE PAR LE MIEL

Claire Lafon est fondatrice d'Apicia.

VOS ANGES SUR TERRE

Consulter les études menées par Shigehiro Oishi et Edward Diener (partenaire de recherche du père de la psychologie positive, Martin Seligman) en 2007 sur le thème de la quête du bonheur. 10 000 personnes ont été interrogées dans 48 pays.

LE FABULEUX POUVOIR DE LA VITAMINE G

La revue ***Cerveau & Psycho*** a intitulé son numéro 110 « Comment la nature fait du bien à notre cerveau ».

Consulter les études des universités de Stanford, du Kansas et de Melbourne sur le pouvoir de la nature sur notre santé et nos performances.

Les pouvoirs guérisseurs de la forêt, le shinrin yoku d'Hector García et Francesc Miralles aux éditions Solar.

LA PUISSANCE DES FLEURS

Kenji Tsutsumi est maître d'ikebana. Sa boutique, Les fleurs du Soleil Levant, se trouve 232, rue Saint-Martin, dans le 3e arrondissement à Paris.

LE POUVOIR DU VÉLO

L'Onu fait l'éloge du vélo comme « un moyen de transport simple, accessible, fiable, propre, durable et respectueux de l'environnement » qui « entretient la santé » et stimule « la créativité et la participation sociale ».

Lire les travaux de l'université d'État de Portland sur les bienfaits de l'usage du vélo pour aller travailler.

JE RÉVEILLE MA DÉESSE INTÉRIEURE

Voir la conférence TEDx de Tal Shafir : « How your body affects your happiness ».

Les auteures

MÉLODY SZYMCZAK

À 7 ans, **Mélody** médite en forêt avec son grand-père alors que sa maman et son oncle l'initient aux sujets de la sorcellerie et des astres. À 19 ans, elle découvre l'ayurveda en Australie et se passionne pour les secrets holistiques et spirituels. Introduction qu'elle enrichira bientôt grâce à des formations et périples à travers le monde, de New York à Londres en passant par la Thaïlande.
Le jour, elle est directrice éditoriale en agence de publicité. Son métier, raconter des histoires. La nuit, elle est sorcière moderne, fondatrice de Sparkle Inspire Paris et des « meditation parties ». Son premier livre, ***Cosmic Girl, Manuel d'une sorcière moderne***, Ed. Hachette célèbre cet « art de vivre cosmique » qu'elle aime tant partager…

@sparkleinspireparis

www.sparkleinspire.com

LA THÉRAPIE PAR LE MIEL

Claire Lafon est fondatrice d'Apicia.

VOS ANGES SUR TERRE

Consulter les études menées par Shigehiro Oishi et Edward Diener (partenaire de recherche du père de la psychologie positive, Martin Seligman) en 2007 sur le thème de la quête du bonheur. 10 000 personnes ont été interrogées dans 48 pays.

LE FABULEUX POUVOIR DE LA VITAMINE G

La revue ***Cerveau & Psycho*** a intitulé son numéro 110 « Comment la nature fait du bien à notre cerveau ».

Consulter les études des universités de Stanford, du Kansas et de Melbourne sur le pouvoir de la nature sur notre santé et nos performances.

Les pouvoirs guérisseurs de la forêt, le shinrin yoku d'Hector García et Francesc Miralles aux éditions Solar.

LA PUISSANCE DES FLEURS

Kenji Tsutsumi est maître d'ikebana. Sa boutique, Les fleurs du Soleil Levant, se trouve 232, rue Saint-Martin, dans le 3e arrondissement à Paris.

LE POUVOIR DU VÉLO

L'Onu fait l'éloge du vélo comme « un moyen de transport simple, accessible, fiable, propre, durable et respectueux de l'environnement » qui « entretient la santé » et stimule « la créativité et la participation sociale ».

Lire les travaux de l'université d'État de Portland sur les bienfaits de l'usage du vélo pour aller travailler.

JE RÉVEILLE MA DÉESSE INTÉRIEURE

Voir la conférence TEDx de Tal Shafir : « How your body affects your happiness ».

Les auteures

MÉLODY SZYMCZAK

À 7 ans, **Mélody** médite en forêt avec son grand-père alors que sa maman et son oncle l'initient aux sujets de la sorcellerie et des astres. À 19 ans, elle découvre l'ayurveda en Australie et se passionne pour les secrets holistiques et spirituels. Introduction qu'elle enrichira bientôt grâce à des formations et périples à travers le monde, de New York à Londres en passant par la Thaïlande.
Le jour, elle est directrice éditoriale en agence de publicité. Son métier, raconter des histoires. La nuit, elle est sorcière moderne, fondatrice de Sparkle Inspire Paris et des « meditation parties ». Son premier livre, ***Cosmic Girl, Manuel d'une sorcière moderne***, Ed. Hachette célèbre cet « art de vivre cosmique » qu'elle aime tant partager…

@sparkleinspireparis

www.sparkleinspire.com

NATHALIE OUEDERNI

Nathalie est une illustratrice et graphiste française basée à Barcelone. Elle est passionnée de faune et de flore, qu'elle aime présenter sous des couleurs vives et des motifs délicats à l'aquarelle. Elle réalise entre autres des illustrations pour des magazines, des motifs pour des packagings ou encore des illustrations de voyage. En parallèle, elle tient sa propre boutique en ligne etsy pour laquelle elle développe des créations en papeterie (carnets, bullet agendas, affiches ou cartes) aux motifs colorés.

www.nathalieouederni.com

www.nathalieouederni.etsy.com

@nathalie_ouederni

Direction : Jean-Louis Hocq
Direction éditoriale : Marion Bigeard-Guillemet
Édition : Lama Younès-Corm
Correction : Sophie Hofnung
Graphisme et illustrations : Nathalie Ouederni
Fabrication : Laurence Duboscq

ISBN : 978-2-263-17519-0
Code éditeur : L17519
Dépôt légal : mai 2021

Solar, un département d'Edi8
92 avenue de France
75013 Paris

solar_editions
Solar éditions